无尽征途：远古至五代战争

王渝生　主编

中国大百科全书出版社

图书在版编目（CIP）数据

无尽征途 ：远古至五代战争 / 王渝生主编 .

北京 ：中国大百科全书出版社，2025. 1. -- ISBN 978
-7-5202-1761-3

Ⅰ . E291

中国国家版本馆 CIP 数据核字第 20251YM734 号

出 版 人：刘祚臣

责任编辑：杜晓冉

责任校对：刘敬微

责任印制：李宝丰

出　　　版：中国大百科全书出版社

地　　　址：北京市西城区阜成门北大街 17 号

网　　　址：http://www.ecph.com.cn

电　　　话：010-88390718

图文制作：北京杰瑞腾达科技发展有限公司

印　　　刷：唐山富达印务有限公司

字　　　数：100 千字

印　　　张：8

开　　　本：710 毫米 ×1000 毫米　　1/16

版　　　次：2025 年 1 月第 1 版

印　　　次：2025 年 1 月第 1 次印刷

书　　　号：978-7-5202-1761-3

定　　　价：48. 00 元

编 委 会

主　编： 王渝生

编　委： （按姓氏音序排列）

目录

第二章　两汉

第四章　隋唐五代十国

第一章 远古至秦

[一、涿鹿之战]

相传远古时代，黄帝、炎帝两族联合同蚩尤九黎族进行的一次大规模战争。

约四五千年前中国父系氏族社会时期，传说兴起于今关中平原、山西西南部的黄帝族与炎帝族经过融合，沿着黄河南北岸向今华北大平原西部地带发展，而兴起于今冀、鲁、豫交界地区的蚩尤九黎族，则由东向西发展。两大部落联盟为争夺适于牧猎和浅耕的地带，在涿鹿之野（今太行山与泰山之间古河、济浊流充斥的广阔原野）展开长期争战。

轩辕黄帝像

蚩尤族勇猛慓悍，擅长角抵，联合巨人夸父部族与三苗部族，先驱逐炎帝，后又乘势北进涿鹿（在今河北境），攻击黄帝族。传说蚩尤率领所属72氏族（或

河北涿鹿黄帝古城城墙遗存

说81氏族），利用浓雾天气围困黄帝族。黄帝族率领以熊、罴、狼、豹、貙等为图腾的氏族，数战不胜。后得到玄女族帮助，吹号角，击夔鼓，乘蚩尤族迷惑、震慑之际，冲破迷雾重围，击败蚩尤，终在中冀之野（今河北地区）

将其擒杀。取得战争胜利的部落联盟首领黄帝成为华夏族的共同祖先。

［二、鸣条之战］

约公元前16世纪初，商汤击败夏桀于鸣条（今河南封丘东），灭夏朝，建立商朝的战争。

夏朝末年，夏王桀的统治出现危机。夏在东方的属国商，在其首领汤的率领下，乘机向西发展，首先攻灭与商近邻的夏属国葛（今河南宁陵北），揭开灭夏战争的序幕。为扫清西进灭夏的障碍，汤又集中主要力量，相继攻灭位于夏、商之间的韦（今滑县东南）、顾（今山东鄄城东北）、昆吾（今河南许昌东）等国，摧毁夏朝在东部地区的屏障。此后，乘夏的东方属国纷纷叛夏且夏桀陷于孤立之时，汤又率战车70辆、敢死之士6000人攻夏。在郕（今山东宁阳东北）首战获胜，擒桀臣推哆、大戏。夏桀退至鸣条决战，商军大破夏军，

商汤王立像

桀率残部逃至三鬷（今山东定陶东北）。商军乘胜追击，攻克三鬷，桀仅率500人逃奔南巢氏（南方巢居氏族）。商汤灭夏，建立商朝。

[三、牧野之战]

商朝末年，周武王为兴周灭商，统兵直捣商都朝歌（今河南淇县），与商军在牧野（今淇县南卫河以北地区）展开的决战。史称"武王伐纣"。

商朝末年，纣王（帝辛）统治在内外矛盾交织中逐渐走向崩溃，而崛起于商朝西面的周族方国图谋向东发展。周文王暗中积蓄力量，积极争取与国，各个击破商西部属国，奠定了灭商基础。周武王在

牧野之战

盟津（今河南孟津东北）与诸侯结盟，向朝歌派遣侦探，加紧灭商准备。

周武王即位后四年（前1046）十二月，武王得知商纣统治集团分崩离析，商军主力远征东夷，朝歌兵力空虚，即以讨伐商朝重罪为号召，率兵车300乘、虎贲（周王近卫军）3000人、甲士4.5万人攻商。进至盟津，与庸、卢、彭、濮、蜀（均居今汉水流域）、羌、微（均居今渭河流域）、髳（今山西平陆南）等8个方国部落军队及各反商诸侯军会合。武王利用商地人心归周的有利形势，于十二月二十八日率周军本部及8个方国部落军队冒雨继续东进，从汜（今河南荥阳境）渡过河水（黄河），兼程北上，至百泉（今辉县市西北）折而东行。于一月初四进抵牧野布阵，取得与商决战的战略主动。商纣王仓促调集守卫国都的少数贵族军队，并武装大批奴隶、战俘，开赴牧野迎战。初五（甲子日）凌晨，武王在阵

前誓师：历数商纣罪状以激励将士斗志，统一战斗动作保持阵形严整，重申不准杀降以瓦解商军。随即命吕望率一部精兵冲击商军前阵，商军"前徒倒戈"。武王乘势以主力猛烈突击，商军土崩瓦解。纣王见大势已去，仓皇逃回朝歌，于当晚登鹿台自焚而死。周军占领商都，商朝灭亡。此战作为中国早期车战的著名战例，展示了周人成功的谋略运用，标志着中国古代早期战略的形成。

[四、北制之战]

周桓王二年（前718）四月，在中原诸侯中首先崛起的郑国，出兵进攻卫国。

卫国支使邻国南燕出兵攻郑。当燕军入郑国后，郑庄公派大夫祭足、原繁、洩驾率三军作正面抗击之势，另派公子曼伯、子元率兵潜入燕军侧后的北制待机行动。燕军专注于当面郑军，对北制防备松懈。六月，曼伯、子元从北制向燕军发起攻击，燕军失败。时人评论此战时指出的"不备不虞，不可以师"（《左传·隐公五年》）的原则，为历代兵家所遵循。

[五、郑抗北戎之战]

周桓王六年（前714）冬，北戎乘中原诸侯国混战之机，南下袭郑。

郑国战车受地形限制，不及戎徒兵灵活，易遭袭击，郑庄公深以为患。郑公子突认为戎军有部伍不整、贪得财物、胜不相让、败不相救的弱点，主张诱其深入，设伏击破。郑庄公从其计，先命大夫祝聃率军分三批设伏，再以部分士卒为诱兵。两军接战，郑诱兵佯败，抛弃财物。戎军前队见利紧追，直入郑军伏击圈内。郑先以一部伏兵突然攻击，戎军仓皇而退，祝聃随即指挥全部伏兵将戎军前队切为数段，前后夹击，将其歼灭。戎军后队见前队失利，各自逃奔。郑军乘胜追击，

大败戎军。这是中国古代战争史上记载较早的伏击战的战例。

[六、繻葛之战]

春秋初期，郑国为称霸中原，在繻葛（今河南长葛北）大败周联军的一次反击作战。

郑庄公凭借国力强盛，又是周王权臣的有利条件，侵伐诸侯，扩充领地，不听王命。周桓王为保持王室独尊地位，于十三年（前707）秋，率周军和陈、蔡、卫等诸侯军伐郑，郑庄公率大军迎战于繻葛。郑军按照大夫子元建议，布成"鱼丽之阵"，将步卒疏散配置于战车两侧及后方，形成步车配合、攻防自如的整体。并确定先攻破周联军薄弱的两翼，再集中兵力击其中军。战斗开始，郑军右方阵

繻葛之战

首先攻击周联军左翼的陈军。因国内动乱而无斗志的陈军，一触即溃。失去左翼军配合的右翼蔡、卫军，在郑军左方阵猛烈攻击下，纷纷败退。周中军为溃兵所扰，阵势大乱。郑左、右两方阵乘势合击，桓王中箭负伤，周军大败。自此，周王威信大降，诸侯大国争霸局面继之兴起。此次作战中"鱼丽之阵"的出现，使中国古代车阵逐渐趋向严密、灵活。

[七、长勺之战]

春秋初期，鲁军于长勺（今山东曲阜北，一说莱芜东北）击败齐军的作战。

周庄王十三年（前684）春，即位不久的齐桓公，因鲁国干预齐国立君之事而发兵攻鲁。深具谋略的鲁国士人曹刿，得知鲁庄公取信于民，决心抵抗，乃

春秋时期兵器铜戈

自请随同庄公指挥作战。齐、鲁两军对阵于长勺，鲁庄公欲先发制人，被曹刿劝止。齐军一而再、再而三地发起冲击，鲁军按兵不动，坚守阵形。齐军疲惫，士气沮丧，而鲁军以逸待劳，斗志高昂。曹刿见战场形势已是"彼竭我盈"，建议实施反攻。鲁军一鼓作气，击溃齐军。庄公急于追击，曹刿恐齐军佯败设伏，下车察看齐军车辙痕迹，又登上车轼眺望齐军旌旗，见辙乱旗靡，判明齐军确败，方请庄公下令追击，终将齐军逐出鲁境。此战在中国古代战争史中，以运用敌疲而击、后发制人的防御原则取胜而著称。

[八、假途灭虢之战]

春秋初期，晋国诱骗虞国借道，先后攻灭虢、虞两国的作战。

周惠王十九年（前658），晋献公欲灭近邻的虞、虢两小国，虑其互救，采纳大夫荀息之谋，派荀息持美玉、骏马贿赂虞公，借道攻虢。虞公贪利，被荀息巧言迷惑，不听大夫宫之奇劝阻，应允借道，且愿以虞军为伐虢先锋。当年夏，晋军在虞军配合下，攻占虢国下阳（今山西平陆境），控制了虢、虞之间的要地。二十二年，晋又派荀息向虞借道攻虢。宫之奇用"辅车相依，唇亡齿寒"的道理，向虞公说明虞、虢利害攸关，不可借道。虞公以为晋、虞同宗不相欺，拒不听谏，再次借道。十月十七，晋军围攻虢都上阳（今河南陕县境），虢弱小无援，于十二月初一灭亡，虢公丑逃奔王城（今洛阳）。晋军随即回师，乘虞不备，袭灭虞国，生俘虞公。此战晋国以假象掩盖真实企图而取胜，虞公因贪利借道而亡国，它所反映的唇亡齿寒的道理，为后世不少弱国联合抗击强国所遵循。

[九、泓水之战]

春秋时期，宋、楚争霸中在泓水的作战。

周襄王十四年（一说十五年，前638）夏，宋襄公率军进攻臣服于楚的郑国，楚成王发兵攻宋以救郑。宋襄公闻讯回师，于十一月初一与楚军战于泓水（今河南柘城北）。当时，宋军已先在泓水北岸布好阵势，处于对楚军半渡而击的有利态势。但宋襄公拘守"不鼓不成列""不以阻隘"的陈旧观念，在楚军渡河之际及渡河后尚未列阵之时，两次拒绝司马公孙固乘机出击的正确意见，直待楚军从容布好阵势后才下令攻击，以致大败，襄公重伤，不久死去，宋国由此失去了争霸的实力。此战是中国古代战争史上因思想保守而招致失利的典型战例。

[十、城濮之战]

古代春秋中期，晋、楚两国为争夺中原霸权，在城濮（今山东鄄城西南）地区进行的一次决战。

齐国霸业衰落后，南方楚国、北方晋国都乘机向中原扩展势力。楚为阻遏晋南下，与曹、卫通好结盟，使其为抗晋前哨；出兵助鲁占齐国穀邑（今山东平阴西南），并留申公叔侯戍守，企图制齐以孤立晋国；又以宋国叛楚从晋为由，先是出兵围攻宋地缗邑（今山东金乡），继而亲率以令尹为主将的楚军及盟国军队围攻宋都商丘（今河南商丘南）。晋以救宋为名，出师中原，力图"取威定霸"。

周襄王二十一年（前632）一月至三月，戍守穀邑的申公叔侯撤回宋地，令子玉放弃围宋，避免与晋军决战；自己率部分楚军退回申邑，以防秦军袭其后方。子玉刚愎自用，以晋允许曹、卫复国，楚才能解宋之围要挟晋国。晋文公将计就计，暗许曹、卫复国，使其与楚绝交，并扣留楚使宛春，激怒子玉北上决战。子玉忿而率军北进，直扑陶丘。晋文公令全军向卫境退避三舍（一舍三十里），既表明履行以前流亡楚时许下的"避君三舍"诺言，又可暂避楚军锋芒，向齐、秦两军靠拢。子玉以为晋军畏楚而退，尾追不舍。

四月初一，晋兵车七百乘退至城濮。楚联军跟踪而至。初二，双方在城濮以南对阵。晋军按上、中、下三军部署：上军在右，狐毛为主将，狐偃为副将；下军在左，栾枝为主将，胥臣为副将；中军居中，先

城濮之战

轸为元帅，溱为副将，晋文公亦在中军。三军统归先轸指挥。楚联军按右、中、左三军配置：实力较弱的陈、蔡两军编成右军，子上为将；战斗力较强的申、息之兵编成左军，子西为将；楚军精锐编成中军，子玉为将。晋军率先发起进攻。先轸令下军副将胥臣给驾车之马蒙上虎皮，率部猛冲陈、蔡军，将其击溃；令狐毛在右翼竖起两面指挥大旗，伪装晋上军主将后退，引诱当面楚左军追击；又令下军主将栾枝在阵后用车拖树枝以扬尘，伪装晋军后队亦退。子玉不察虚实，下令全军追击。楚左军急速推进，孤军突出，右侧暴露。先轸不失时机，指挥晋中军侧击楚左军。晋上军亦停止后退，配合中军实施夹击，将楚左军大部歼灭。子玉见左、右两军失利，大势已去，只得率残部退回楚地。不久，子玉畏罪自杀。战后晋文公被周襄王策命为侯伯，成为中原霸主。

此战，晋军料敌而谋，后发制人，各个击破，以奇制胜的作战指导和成功的外交相配合，丰富和发展了中国古代的军事思想。

[十一、崤之战]

春秋中期，晋国为阻遏秦国图霸中原，发兵歼灭秦军于崤山（今河南三门峡东南）隘道的一次伏击战。

秦穆公凭借日益强盛的国力，早欲争霸中原，而东出通道为晋国所扼。周襄王二十五年（前627），秦穆公得知晋、郑国君新丧，欲出兵越晋境袭郑。主政大夫蹇叔认为师出无名，且孤军远道袭郑，必为晋国所乘，反对出兵。穆公不听，执意袭郑。晋襄公及其谋臣为维护霸业，决心乘机打击秦国。鉴于秦军必经晋国控制的崤山，而此山峻壁绝涧，唯有隘道可通，晋国确定先不惊动秦军以骄其志，待其疲惫回师，于崤山险地设伏歼灭。

当年十二月，秦将孟明视、西乞术、白乙丙率军穿过崤山隘道，偷越晋国南境。于次年二月抵滑邑（今河南偃师东南），恰与赴周贩牛的郑国商人弦高相遇。

弦高料定秦军必是袭郑，即以郑君名义以牛犒劳秦师，同时密派信使回国告急。孟明视以为郑已有备，便不再前进，灭滑国而还。晋国侦知秦军返归，晋襄公偕主政之卿先轸率军秘密赶至崤山，并联合居晋

崤山谷地战场遗址

南部边境的姜戎设伏以待：晋军为主力，正面阻击秦军；姜戎断秦军退路，配合晋军攻击。孟明视等因东出途中未遇任何抵抗而疏于戒备，率军直入崤山谷地。四月十三日，晋军突然发起猛攻，襄公身着黑色丧服督战，激励士气，全歼秦军，俘孟明视等三将。

此战，晋国针对秦国政治上的被动及作战指导上的侥幸，选择有利时机、有利地形，创造了伏击歼敌的著名战例。战后，秦国因失秦晋之好而更难直接东进争霸，晋国虽已遏秦，但因秦、楚联合而处于两面作战境地。

[十二、鞍之战]

春秋中期，齐顷公乘晋国霸业中衰之机，于周定王十八年（前589）率兵进攻晋的盟国鲁、卫。

晋景公决定出兵相救。齐军闻讯东撤，晋军主帅郤克率上、中、下三军兵车800乘，以及狄人步卒与鲁、卫军，尾追齐军至靡笄山（今济南西南）下。六月十七日，双方在鞍（今济南西北）地列阵作战。齐顷公自恃齐军勇猛，欲"灭此

朝食"，于是马不披甲，领兵驰向晋军。郤克及御者解张虽中箭负伤，仍与车右郑丘缓互相激励，坚持指挥。在危急关头，御者一手御车，一手击鼓，挥军前进，大败齐军。齐顷公引军逃奔，途中险被擒获。晋军乘胜进逼齐都临淄（今山东淄博东北），齐国被迫求和结盟。

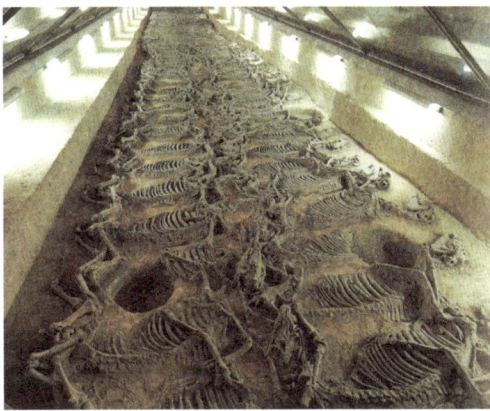

1964年发掘临淄河崖头齐国故城5号殉马坑

[十三、鄢陵之战]

春秋中期，晋、楚为争霸中原进行的一次大战。

公元前 575 年春，楚人诱使郑国叛晋归楚。五月，晋厉公率师伐郑，楚共王领兵救郑，两军相遇于鄢陵（今河南鄢陵西北）。楚军采用以往的策略，在黎明时突然逼近晋军营垒。晋军填井平灶，疏散行道，列队应战。由楚逃晋的苗贲皇献计晋厉公。他认为楚中军兵力强大，左、右军兵力薄弱，应首先改变晋军中、下军严整的军容，诱使楚左、右军进攻中军，这时，晋中军先分兵进击楚左、右军，俟其陷入包围时，再由上、下军配合中军聚而歼之，然后集中上、中、下军与新军共击楚精锐的中军王卒。晋厉公采纳了苗贲皇的计谋。楚共王见晋军兵力薄弱，遂率中军进攻，遭到抗击。共王伤目，中军后退，晋军乘势猛攻楚左、右军。激战自晨至暮，楚军伤亡惨重，只得暂时收兵，在夜间补充士兵，准备鸡鸣再战。后因主帅子反醉酒，不能商议军机，楚军被迫夜遁。子反因贻误军机自杀。

鄢陵之战使晋国巩固了霸业，楚国削弱了霸权。晋军创造的攻弱避坚的战术，成为古代战争中著名的范例。

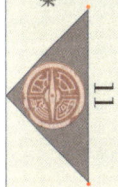

[十四、鸡父之战]

春秋后期，与楚争霸江淮的吴军在楚地鸡父（今河南固始东南）大败楚联军的一次伏击战。

周敬王元年（前519），吴王僚率公子光等，兴兵进攻楚国控制的淮河流域要地州来（今安徽凤台）。楚平王即命司马薳越率楚、顿、胡、沈、蔡、陈、许七国联军前往救援，令尹子瑕带病督军。进军途中，子瑕病亡，薳越被迫回师鸡父。此时，吴王已移军钟离（今安徽凤阳东北），待机行动。吴公子光认为，楚联军同役而不

固始侯古堆出土宋公栾簠

同心，今又新丧主帅，士气不振，代帅薳越不孚众望，难以统驭全军。建议乘机进击，以奇袭取胜。吴王采纳公子光建议，挥军前进，于古代用兵所忌的晦日七月二十九突然出现在鸡父战场。薳越仓促以六国军队为前阵，掩护楚军。吴王以左、中、右三军主力预做埋伏，而以不习阵战的3000囚徒为诱兵，攻胡、沈、陈军。刚接战，吴诱兵即溃退，三国军贸然追击，遭到伏击。吴军俘获胡、沈两国君及陈大夫啮，还纵俘卒逃回，传呼国君被杀。吴军乘胜播鼓呐喊而进，许、蔡、顿军见状大惊，不战自溃。楚军未及列阵，即受猛烈冲击，纷纷溃逃。吴军夺取州来。

[十五、柏举之战]

春秋末期，吴国大军远程奔袭楚国，击败楚军主力于柏举（今湖北麻城东北，一说汉川北），进而攻破楚都郢（今江陵西北）的作战。

吴王阖闾即位后，吴、楚争夺江淮霸权的斗争转入吴国掌握战略主动的新阶段。楚国虽地广兵多，但已丧失淮水流域战略要地；吴国多年分兵轮番扰楚，使楚军疲于奔命，实力耗损；楚北侧的蔡、唐两国又背楚与晋、吴结盟。周敬王十四年（前506），楚攻蔡。吴王阖闾采纳孙武等人建议，决定以救蔡为名，从楚守备薄弱的东北部实施迂回奔袭，直捣其腹地。

是年冬，吴王阖闾率其弟夫概及伍子胥、伯、孙武等将领，出动全国之兵，乘船溯淮水西进。至战略要地州来（今安徽凤台），舍舟登陆。以蔡、唐军为先导，以3500精锐士卒为前锋，穿过楚北部的大隧、直辕、冥三关险隘（今河南信阳南），进抵汉水东岸。楚急派令尹子常、左司马沈尹戌、武城大夫黑及大夫史皇等率军赶至汉水西岸抗御；并按沈尹戌建议，由子常坚守汉水西岸，正面牵制吴军；沈尹戌北上率方城（今河南方城东北）一带楚军迂回至吴军侧后，实施前后夹击。但子常贪功，不待沈尹戌军完成迂回动作，擅自率主力渡汉水列阵。吴军为避免腹背受敌，调动楚军于不利地形，寻机决战制胜，乃由汉水东岸后退。子常以为吴军畏楚而退，紧追不舍，连续三战受挫，锐气大减。

十一月十八日，吴军在柏举与楚军展开决战。夫概先发制人，率所属5000人猛攻子常部。子常军一触即溃，阵势大乱。阖闾迅即投入主力，发起全面攻击。子常弃军逃奔郑国，史皇战死，楚军大

柏举之战

败，向西溃逃。吴军乘胜追击，在清发水用半渡而击之谋，又歼楚军一部。吴军追至雍（今京山西南），恰与由息（今河南息县西南）回援的沈尹戌军相遇。经激烈拼杀，沈尹戌伤重身亡。楚军失去指挥，惨败溃逃。二十八日，吴军攻入楚都郢城。楚昭王逃奔随国（今湖北随州）。后来楚虽复国，但元气大伤，吴国霸

业则因破楚而趋鼎盛。

此战，吴军高度灵活机动，以千里奔袭、深远追击的大纵深进攻战法而取胜，以其鲜明的战役特征载入史册。

[十六、笠泽之战]

春秋末期，吴、越争霸战争中，越军在笠泽（今江苏苏州南，与吴淞江走向相同的古河道）击败吴军的一次作战。

周敬王二十六年（前494），越被吴战败。越王勾践卧薪尝胆，吸取教训，积聚力量，伺机灭吴。吴王夫差恃胜而骄，急欲图霸中原，连年向外用兵，对越国不加戒备。勾践采纳大夫范蠡、文种建议，于三十八年趁吴王赴黄池（今河南封丘南）会盟，袭击吴都姑苏（今苏州）。四十二年，又乘吴国兵疲民困、连年天灾、军队分散的有利时机，再次攻吴。三月，勾践率军进抵笠泽江南岸。夫差仓促率姑苏守军至江北迎战，夹江对阵。勾践从左、右两军各派一部兵力，黄昏时分别进至上、下游五里处，夜半渡于江中，鸣鼓呐喊，佯为进攻。夫差误认越军两路渡江夹击吴军，急忙分兵两路迎战，仅留中军接应。勾践乘机率三军主力，

以 6000 锐卒为先锋，偃旗息鼓，秘密渡江，向吴中军发起突然攻击，吴中军大乱败退。两路吴军不及回救，随之溃逃。越军乘胜猛追，再战于没（今苏州南），三战于郊（今苏州郊区），接连大败吴军，迫夫差退守姑苏，为最终灭吴奠定了基础。

此战，越军利用夜暗，两翼佯动，诱敌分兵，乘虚偷渡，实施中央突破，是中国古代战争史上一次著名渡江奇袭战。

[十七、晋阳之战]

春秋、战国之际，晋国日益强大的卿大夫，经过兼并，剩下赵、魏、韩、知四大贵族集团。实力最强、独专国政的知伯，逼韩康子、魏桓子割让大片领地后，又向赵襄子索地，被拒绝，乃于周贞定王十四年（前 455），胁迫韩、魏共同发兵攻赵。

赵襄子自知寡不敌众，采纳谋臣张孟谈建议，选择民心向赵并预有准备的晋阳（今太原西南）固守。知伯率联军攻晋阳三月不下，又围困一年多未克。至十六年，知伯引晋水（汾水）灌城，城内军民支棚而住，悬锅而炊，病饿交加，十分

春秋时期晋国赵卿（赵简子）墓车马坑

危急。赵襄子利用韩、魏与知伯的矛盾，派张孟谈乘夜潜出城外，密见韩、魏大夫，以唇亡齿寒的道理说服韩、魏倒戈。在约定的一个夜间，赵襄子派人杀知伯守堤官兵，掘堤放水，倒灌知伯军营。知氏军从梦中惊醒，乱作一团。赵军乘势出击，韩、魏军自两翼夹攻，擒杀知伯，其军逃散。后赵、魏、韩灭知氏，瓜分其领地，逐渐形成"三家分晋"的局面。

[十八、桂陵之战]

战国前期，齐军在桂陵（今河南长垣北）截击魏军的战役。

周显王八年（前361），魏惠王迁都大梁（今开封），与向中原扩张的齐国争雄。齐拉拢韩、赵，削弱魏国的势力。十五年，赵在齐国支持下出兵攻卫。魏惠王派将军庞涓率兵8万围攻赵都邯郸（今属河北）。次年，赵求救于齐。齐威王以田忌为将、孙膑为军师，率兵8万救赵。

此时赵、魏相持日久，魏军实力大损，邯郸也危在旦夕。田忌主张率齐军直赴赵地解围，孙膑认为应乘魏军精锐在外，魏都大梁空虚之机，采取"批亢捣虚"的战法迫使魏军回救大梁，赵围自解。为争取主动，孙膑故意以不懂军事的齐城、高唐二邑大夫率军一部攻魏军事重镇平陵（今山东定陶东北），结果兵败战死，造成齐军不堪一击的假象，麻痹庞涓。此后，田忌、孙膑率轻车锐卒西进直扑大梁，将主力分散隐蔽其后，造成兵力单薄的假象。庞涓中计，撤邯郸之围，率精锐兼程赶回，欲歼齐军于大梁。齐军在魏军必经之地桂陵设伏截击，大败魏军，擒（一说"擒"为制服、战胜）其主将庞涓。

此战，齐军避实击虚，攻其必救；又示弱骄敌，快速机动，巧施截击，创造了中国军事史上著名的"围魏救赵"诱敌就范的成功战例，对后世有深远影响。

[十九、马陵之战]

战国时期，齐军在马陵（今河南范县西南）伏击魏军的战役。

周显王二十六年（前343），魏命庞涓率军伐韩。韩求救于齐。孙膑认为可待韩、魏两败俱伤时出兵，既可令韩听命于齐，又有把握胜魏强兵。齐威王纳孙膑之策，待韩五战俱败、魏军十分疲惫时，于二十七年以田期（一说田忌）为主将、孙膑为军师，发兵救韩。

孙膑仍以"围魏救赵"战法，直奔魏都大梁（今河南开封），庞涓遂撤韩围回师，欲击齐军于大梁。齐军入魏境不久，知韩围已解，即还师回齐。庞涓率军10万尾追齐军，并深入齐地。孙膑以逐日减灶之法示弱，让庞涓误以为齐军畏怯，士卒逃亡过半。庞涓果然中计，亲率轻车锐卒兼程追赶。齐军到马陵后，孙膑见

马陵之战

地势险要，道路两旁林木茂密，估计魏军将于傍晚到达，遂在马陵设伏。齐军将蒺藜布于前，当作沟堑；以战车、大盾构成壁垒，令弓弩手埋伏其后；在战车上布置弓弩手和执戟甲士。魏军如期而至，进入伏击圈。齐军万弩齐发，全面出击，杀庞涓（一说庞涓为自杀）。又乘胜进攻，掳魏太子申，全歼魏军。

此战，齐军继桂陵之战后再次运用"批亢捣虚"之策，迫使魏军回救，陷于被动；又以退兵减灶制造假象，诱敌深入，出奇制胜，是中国古代战争史上一个出色的设伏歼敌的著名战例。

[二十、伊阙之战]

战国后期，秦国为打开东进中原通道，遣军在伊阙（今洛阳龙门）各个歼灭韩、魏联军的作战。

经过商鞅变法而日益强盛的秦国，乘齐、魏相持之际，首先蚕食中原要冲的韩、魏土地。周赧王二十一年（前294），秦左庶长白起率军夺占韩地新城（今河南伊川西南），并继续向韩、魏进攻。韩、魏以公孙喜为主将，率联军24万进据

伊阙迎击。伊阙为韩、魏门户，两山对峙，伊水流其间，望之若阙，地势险要。当时秦军兵力不及联军一半，且联军已据险扼守，呈对峙态势。次年，升任左更的白起，针对韩、魏两军互相观望，不愿当先出击的弱点，以少量兵力钳制联军的主力韩军，以主力猛攻较弱的魏军。魏军无备，仓促应战，迅即惨败。韩军震慑，且翼侧暴露，遭秦军夹击，溃败而逃。白起乘胜挥师追击，全歼韩魏

白起

联军，俘公孙喜，攻占伊阙，夺取五城。韩国精锐损失殆尽。秦国则以不可抗御之势向中原扩展。

[二十一、乐毅破齐之战]

战国后期兼并战争中，燕将乐毅率五国联军攻破齐国的一次大规模进攻作战。

周赧王元年（前314），力图向外扩张的齐国，乘燕国内乱，出兵占领燕都。四年，燕昭王即位，广招贤才，励精图治，欲报破国之恨。但齐为强国，燕无力单独攻齐。燕昭王采纳亚卿乐毅及策士苏秦建议，利用齐、秦、赵三强争夺宋国富庶之地的矛盾，定下诱齐灭宋、争取与国、孤立齐国、"举天下而图之"的攻齐方略。经苏秦两次入齐离间，齐湣王相继西向攻秦，南下灭宋，并欲向中原扩展，加深了齐与各国的矛盾。燕昭王趁机派乐毅等四处联络，很快形成联合攻齐的局面。

三十一年，乐毅以燕上将军职，佩赵国相印，率燕、秦、赵、韩、魏五国联军攻齐。齐湣王得知联军渡过河水（黄河），向济水挺进，急命触子为主将，达子为副将，率领齐军全部主力迎击联军于济水西。齐军苦于连年征战而斗志消沉，暴虐的齐湣王以不战即杀头、掘祖坟相威逼，更使将士离心。联军发起猛攻，触子下令退兵，只身乘车逃亡，联军乘势进击，歼灭齐军主力。达子收集残兵，退

保国都临淄（今山东淄博东北）。乐毅随即遣还远道参战的秦、韩两军，派魏军攻占原宋地，赵军夺取河间（今河北献县东南），拟率燕军直捣临淄，一举灭齐。谋士剧辛拘守燕军不能独力灭齐的成见，反对长驱深入，主张攻取齐国边城而还。乐毅认为齐军精锐已失，国内纷乱，燕弱齐强的形势已发生变化，坚持率燕军乘胜追击。齐将达子请湣王犒赏将士，以激励其死战，反遭申斥，军队士气更加低落。秦周（临淄城西）一战，齐军再败，达子战死，燕军攻入临淄。湣王出逃至莒（今山东莒县），后被以救齐为名的楚将淖齿所杀。燕昭王闻齐都已破，亲至济水慰劳燕军，封乐毅为昌国君。

为减少齐人敌对情绪，以利夺取全部齐地，乐毅严申军纪，禁止掳掠，减轻齐民赋税，并以官爵、封地笼络齐吏，争取人心。随即分兵出击：左军渡胶水，攻取胶东、东莱（今山东半岛东北部）；前军沿泰山山麓东至黄海，夺占琅邪（今山东半岛东南部）；右军沿河水、济水间，进据阿（今山东阳谷东北）、鄄（今山东鄄城北）；后军沿北海（今山东淄博东北沿海一带）攻占千乘（今山东高青东北）；乐毅率中军镇守齐都，指挥各军。燕军势如破竹，半年内攻克70余城。随又集中兵力围攻仅存的莒和即墨（今山东平度东南）二城，长期相持未下。

乐毅

此战，乐毅以多结与国的方略和连续进攻的作战指导而取胜，齐国则过早集中主力与强大联军决战，几致国亡，为后世用兵留下了宝贵的经验教训。

[二十二、即墨之战]

战国后期，齐将田单凭借孤城即墨（今山东平度东南），由坚守防御转入反攻，一举击败燕军，收复国土的一次著名作战。

周赧王三十一年（前284），燕将乐毅破齐，连克70余城，随即集中兵力围

田单

攻仅存的莒（今山东莒县）和即墨，齐国危在旦夕。时齐湣王被杀，其子法章在莒被立为齐王，号召齐民抗燕。乐毅攻城一年不克，命燕军撤至两城外九里处设营筑垒，欲攻心取胜，形成相持局面。

即墨，地处富庶的胶东，是齐国较大城邑，物资充裕，人口较多，具有一定防御条件。即墨被围不久，守将战死，军民共推田单为将。田单利用两军相持的时机，集结7000余士卒，加以整顿、扩充，并增修城垒，加强防务。他和军民同甘共苦，"坐则织蒉（编织草器），立则仗锸（执锹劳作）"（《资治通鉴》卷四，周赧王三十六年），亲自巡视城防；编妻妾、族人入行伍，尽散饮食给士卒，深得军民信任。田单在稳定内部的同时，为除掉最难对付的敌手乐毅，又派人入燕行反间计，诈称：乐毅名为攻齐，实欲称王齐国，故意缓攻即墨，若燕国另派主将，即墨指日可下。燕惠王本怨乐毅久攻即墨不克，果然中计，派骑劫取代乐毅。乐毅投奔赵国。

骑劫一反乐毅战法，改用强攻，仍不能下，企图用恐怖手段慑服齐军。田单将计就计，诱使燕军行暴，即墨军民见状，无不痛心疾首，誓与燕军决一死战。田单进而麻痹燕军，命精壮甲士隐伏城内，用老弱、妇女登城守望。又派使者诈降，让即墨富豪持重金贿赂燕将，假称即墨将降，惟望保全妻小。围城已逾三年的燕军，急欲停战回乡，见大功将成，只等受降，更加懈怠。

三十六年，田单见反攻时机成熟，便集中千余头牛，角缚利刃，尾扎浸油芦苇，披五彩龙纹外衣，于一个夜间，下令点燃牛尾芦苇，牛负痛从城脚预挖的数十个通道狂奔燕营，5000精壮勇士紧随于后，城内军民播鼓击器，呐喊助威。

火牛阵

燕军见火光中无数角上有刀、身后冒火的怪物直冲而来，惊惶失措。齐军勇士乘势冲杀，城内军民紧跟助战，燕军夺路逃命，互相践踏，骑劫在混乱中被杀。田单率军乘胜追击，齐国民众也持械助战，很快将燕军逐出国境，尽复失地70余城。随后，迎法章回临淄（今山东淄博东北），正式即位为齐襄王，田单受封安平君。

田单在国破城危的极端不利态势下，长期坚守孤城，积极创造反攻条件，巧妙运用"火牛阵"，实施夜间奇袭，成为中国古代战史上以弱胜强的出色战例。

[二十三、白起攻鄢、郢之战]

战国后期，秦国在伊阙之战后，继续向东扩张，节节胜利，乘中原各国但求自保之机，把兼并锋芒指向孤立无援的楚国。

周赧王三十六年（前279），秦昭王命白起率军数万攻楚。楚国虽地广兵多，但内部四分五裂，战备松懈。白起决定长驱深入，捣楚腹心，寻歼其主力。秦军进入楚境后，拆桥焚舟，自断归路，夺楚粮为食，很快进逼楚别都鄢（今湖北宜城东南），威胁楚都

郢金

郢（今湖北江陵西北）。此时，楚军主力进据鄢城。白起见城坚难克，便在鄢城西面约百里处筑堤凿渠，引西山长谷水灌城，溺死城中军民甚众，乘势攻占鄢、邓（今湖北襄樊北）、西陵（今湖北宜昌）等城。次年，白起挥师直指楚都郢。楚军慑于白起兵威，各顾其家，纷纷逃散。秦军进占郢，楚顷襄王被迫迁都于陈（今河南淮阳）。

此战，白起乘隙果敢深入楚国腹地，因粮于敌，因势用兵，战必速决，是中国古代战争史上深入敌国作战的著名战例。

[二十四、阏与之战]

战国后期，秦国为加速向中原推进，在挫败齐国、击破楚国之后，兵锋直指另一劲敌赵国。

周赧王四十六年（前269），秦昭王以赵不履行交换城邑的协议为由，派中更胡阳率军攻赵要地阏与（今山西和顺）。赵惠文王命赵奢领兵往救。赵奢见秦军势盛，为隐蔽作战意图，率部出邯郸30里，即坚壁不进。时秦军一部进屯武安（今河北武安西南）西面，击鼓呐喊，耀武扬威，以钳制赵军。赵奢不为秦军声威所动，严厉制止驰援武安的主张，并增设营垒，造成赵军怯弱、唯保邯郸的假象，终使秦军轻敌麻痹。赵奢停留28天后，乘秦军不备，偃旗息鼓，率军疾进，两天一夜赶到距阏与城50里处筑垒列阵。秦军久攻阏与不克，突闻赵援兵至，仓促全力迎击。赵奢采纳军士许历建议，严阵以待，并派万人抢先占领北山高地。秦军攻山不下，赵奢挥兵反击，大败秦军，遂解阏与之围。

[二十五、长平之战]

战国后期，秦军在长平（今山西高平西北）对赵军的一次大规模围歼战。

周赧王四十六年（前269），秦、赵会战于阏与（今和顺）。赵军击败秦军，使秦东进锋芒受挫。秦昭王纳范雎"远交近攻"之策，结好齐国，先攻韩、魏。五十三年，秦军攻占韩地野王（今河南沁阳），隔绝韩上党郡（郡治长子，今山西长子西南）与韩本土的联系。韩桓惠王欲献上党向秦求和，上党郡守冯亭欲借赵军以抗秦，私献上党于赵。

五十五年，秦以王龁为主将，率大军攻上党。赵以老将廉颇率军据守长平，与秦抗衡。廉颇鉴于秦强赵弱，令赵军坚守不出。相持数月，秦军求战不得，遣人入赵离间。赵王中计，以善于纸上谈兵但无实战经验的赵括代廉颇为主将。秦昭王闻赵军易将，即命武安君白起为秦军主将，并严令保密。

赵括迎合赵王急于求胜之心，到任后即撤换将领，改变部署，转守为攻。白起将计就计，以小股兵力至赵垒挑战，随即佯败而逃。赵括以为秦军败退，即率大军追至秦垒，进攻受挫，未及撤军，秦军从两翼迅速迂回至赵军后方，断其退路。赵括被包围后，被迫就地筑垒待援。因师出仓促，

长平之战

很快陷入乏粮困境。秦昭王得知赵军被困，亲赴河内（今河南黄河以北地区），征发15岁以上男丁至长平以北，切断赵国粮道及援军来路。九月，赵军被困46日，因断粮人心涣散。赵括率精锐强行突围，被秦军射杀。赵军失其主帅，全军40余万人投降。白起将赵降卒尽数坑杀。

此战，秦以离间计使赵临阵易将。白起在决战中示弱诱敌，迂回包抄，围而不攻，待赵军困惫而歼之的作战指导，反映了战国时期野战指挥艺术发展的新水平。

[二十六、邯郸之战]

战国后期，赵联合魏、楚军在赵都邯郸大败秦军的一次防御战。

长平之战赵国大败，秦上将军白起欲乘胜直捣赵都邯郸，赵孝成王许割六城与秦议和。赵国利用战争间隙，厉兵秣马，重整军备，结好齐、楚、魏等国，决心抗秦。秦昭王得知赵国不予六城，不顾白起关于赵已国内实、外交成而不宜出兵的劝阻，于周赧王五十六年（前259）九月，遣五大夫王陵率军从上党（今山

西长治东南）进攻邯郸。赵国军民怀长平之恨，坚城死守。秦军久攻不克，于次年改派王龁代王陵为将，仍屡攻不下。赵军久困于邯郸，形势日趋危急。赵相平原君散家财与士卒，编妻妾入行伍，鼓励军民共赴国难，并选3000精兵，不断出击，疲惫秦军。同时，接连遣使赴魏求援，又亲自冲出重围，前往楚国，陈说利害，终使楚王发兵相救。魏遣晋鄙率军10万救赵，因受秦威胁，至邺（今河北临漳西南）即屯兵不进。魏公子无忌（信陵君）使人盗魏王兵符，击杀晋鄙，夺取军权，选兵8万会楚军救赵。秦军久顿坚城，师老兵疲，受赵、魏、楚军内外夹击，大败，秦将郑安平率2万人降赵，邯郸围解。赵、魏乘胜夺回了部分失地。

[二十七、秦灭赵之战]

战国末期，秦王嬴政即位后，采纳谋臣尉缭、李斯的建议，用重金收买六国权臣，破坏诸侯合纵，军事上实行由近及远、各个击破的方略，以实现统一。

秦王嬴政十一年（前236），秦乘燕、赵交兵，赵后方空虚之际，以王翦为主将，分兵两路攻赵，夺赵邺（今河北临漳西南）等十余城。赵军守城据险，避免决战，战事呈相持局面。十三年，秦军副将桓齮攻平阳（今河北磁县东南），歼灭赵军10万，杀赵将扈辄。接着挥军北进，为赵大将军李牧大败于宜安（今石家庄东南）。十五年，王翦改变战法，以一部兵力袭扰赵都邯郸（今属河北），自率主力由上党（郡治长子，今山西长子西南）出井陉（今河北井陉西北），企图将赵拦腰截断，因李牧有防备，受阻还师。十八年，王翦乘赵地饥荒，遣军围邯郸，亲率主力东出井陉。秦军多次受挫于李牧，王翦施反间计使赵王令赵葱、颜聚代李牧为将。次年，王翦大破赵军，平定东阳地区（约今河北邢台地区），赵葱战死，颜聚逃亡。秦军攻克邯郸，虏赵王迁。赵公子嘉逃代（今河北蔚县东北）称王。二十五年，秦灭代，虏公子嘉，赵国最终灭亡。

[二十八、秦灭楚之战]

楚国西与秦国毗邻，虽屡遭侵割，国势日衰，但至战国末年，尚据江淮广阔地区，是秦统一事业的一大障碍。秦攻取赵邯郸（今属河北）后，即移师向南，对楚作战。

秦王嬴政二十一年（前226），秦将王贲取楚十余城。嬴政不听王翦以60万大军全力攻楚的建议，遣李信、蒙武率军20万攻楚。二十二年，李信、蒙武兵分两路深入楚地，企图围歼楚军。楚名将项燕隐蔽主力，寻隙反击。李信军未能捕捉楚军主力决战，回军与蒙武会师。楚军暗中尾随三昼夜，出其不意地攻击秦军，杀七都尉，李信大败回师。秦王嬴政复起用老将王翦为将。二十三年，王翦率军60万经陈（今河南淮阳）之南屯军平舆（今河南平舆北）。楚倾全力迎击秦军。

秦始皇

秦军坚守营垒，持重待机。楚军求战不能，回师东撤。王翦挥军追击，大败楚军，杀项燕。秦军乘胜攻占城邑，二十四年破楚都寿春（今安徽寿县），虏楚王负刍，楚国灭亡。秦始皇统一六国的事业至此基本完成。

[二十九、陈胜、吴广起义战争]

秦朝末年，以陈胜、吴广为首领的中国历史上第一次大规模农民起义战争。

秦王朝急政暴虐，阶级矛盾迅速激化。秦二世元年（前209）七月，陈胜、吴广率被征发的900戍卒赴渔阳（今北京密云西南）戍边，因遇雨，惧误期被斩，

陈胜吴广起义

遂在蕲县大泽乡（今安徽宿县东南）起义。陈胜被推为将军，吴广为都尉。起义军迅速发展到数万人，在陈县（今河南淮阳）建立"张楚"（张大楚国之意），陈胜称王，这是中国历史上第一个农民革命政权。各地农民揭竿而起，纷纷响应。六国旧贵族也乘机起兵反秦。为推翻秦朝统治，陈胜于八月封吴广为假王，令其率主力西击荥阳（今属河南），进而入函谷关（今河南灵宝东北）夺占秦朝腹地。命宋留率众入武关（今陕西商南东南），迂回咸阳，策应吴广军。同时，分兵攻取六国故地。吴广久攻荥阳不下，陈胜复命周文为将军，绕过荥阳，直趋函谷关。周文军沿途聚集数十万人，长驱入关，屯军于戏（今陕西临潼东北）。秦廷大震，遣少府章邯率修造骊山陵墓的刑徒及私家奴隶前往迎战。周文率军奋战两月，兵败自杀。秦军乘胜直扑荥阳。陈胜依旧坐守陈县，所遣诸部互不策应，六国旧贵族转而拥兵割据，削弱了反秦力量。围攻荥阳的吴广军久顿坚城，在秦军压境时又发生内讧，部将田臧杀吴广，夺兵权。秦军相继扑灭田臧等部义军。章邯得秦二世援兵，最后与张贺军决战于陈县西。陈胜亲自督战，终未能挽回败局，于十二月退至下城父（今安徽涡阳东南），被驾车人庄贾杀害，余部投奔其他反秦武装。宋留闻讯，在南阳（今属河南）降秦。陈胜、吴广起义遂告失败。

陈胜、吴广起义军兴起迅速，组织松散，缺乏作战经验，尤其是过早集中主力与秦军决战，以致被秦军各个击破。但这次农民起义战争沉重地打击了秦王朝的残暴统治，为尔后项羽、刘邦灭秦创造了条件。

[三十、项羽、刘邦灭秦之战]

秦朝末年，楚地反秦起义武装分路进军，项羽率主力在巨鹿（今河北平乡西南）一带击灭秦军精锐，刘邦率军乘虚直捣秦都咸阳（今陕西咸阳东北），推翻秦王朝的战争。

战前形势　秦王朝赋役繁重，刑政暴虐，导致社会矛盾全面激化。秦二世元年（前209）七月，爆发了陈胜、吴广起义战争。九月，项梁、项羽和刘邦相继在吴中（今江苏苏州）、沛县（今属江苏）聚众起义。被秦灭亡的六国旧贵族也乘机而起，出现了天下反秦的形势。

秦王朝遣少府章邯率军出函谷关（今河南灵宝东北），于次年初镇压陈胜吴广起义军后，又相继击灭齐王田儋、魏王咎部，大败楚军于定陶（今山东定陶西北），杀楚将项梁。章邯遂以为楚地兵不足忧，移兵北上攻赵。闰九月，秦军攻占邯郸，赵王歇退保巨鹿城。章邯命秦将王离率20万人围巨鹿，自领20万人屯于巨鹿南数里的棘原，筑甬道（两侧有土墙的通道）直达巨鹿城外，以供应王离军粮秣。赵将陈馀从恒山郡（今石家庄一带）征得数万援兵，但慑于秦军势众，不敢迎战。赵巨鹿守军兵少粮缺，形势危急，多次遣使向各路反秦武装求援。

楚军虽因定陶战败，元气大伤，但若不救赵，反秦武装就有被各个击破的危险。楚怀王熊心即命宋义为上将军，项羽为次将，率楚军主力5万救赵。同时，遣刘邦率军乘虚经函谷关攻咸阳。

巨鹿之战　秦二世三年十月，宋义率军抵安阳（今山东曹县东）后，饮酒作乐，滞留46日，坐观秦、赵相斗，以收渔人之利。项羽激于义愤，杀宋义。怀王改命项羽为上将军。时燕、齐、魏等援军已至巨鹿城郊，但不敢与秦军交锋。

项羽

十二月，项羽遣英布、蒲将军率2万人为前锋，渡漳水，隔绝章邯、王离两军联系，断其甬道，使王离军缺粮。接着，亲率主力跟进，渡漳水后，命令全军破釜沉舟，每人仅带三日粮，准备决一死战。楚军进至巨鹿城外，即将王离围困。章邯率部往救，项羽挥军迎击。楚军将士奋勇死战，九战九捷，大败秦军。燕、齐、魏诸军乘势冲出壁垒，围攻王离军。经过激战，秦将王离被俘，苏角被杀，涉间自焚，巨鹿之围遂解。秦军在巨鹿失利后，章邯固守棘原与项羽对峙，并派部将司马欣向秦廷告急求援。时秦廷内部分崩离析，赵高专权，拒司马欣于宫门之外。章邯欲率军投楚，派人求见项羽，未成，又筹划退军。项羽乘章邯狐疑不定，命蒲将军率部日夜兼程渡三户津（古漳水渡口，在今河北磁县西南），断秦军归路。项羽继率主力与秦军激战于汙水（漳水支流），大败秦军。章邯进退无路，七月，率秦军20万在洹水南岸的殷墟（今河南安阳西北）投降项羽。巨鹿一战，秦军主力覆灭，为刘邦西进创造了条件。

刘邦入关　宋义、项羽率军救赵的同时，刘邦率数千人出砀县（今河南夏邑东南），转战于砀、东二郡（今河南、山东毗邻地区），在城阳（今山东鄄城东南）、成武（今属山东）两次击败秦军，在栗（今河南夏邑）、昌邑（今山东巨野南）收编彭越等反秦武装，增强了实力。其时，秦军主力虽被钳制于巨鹿一带，但关东南部诸郡仍有不少秦军驻防。刘邦在进攻昌邑失利后，转而避实就虚，选择秦军防守薄弱的地区，乘隙而进。秦二世三年二月，刘邦纳郦食其计，袭破陈留（今开封东南），得大批积粟和兵员。三月，在白马（今河南滑县东）等地连胜秦军。四月，挥军南下，攻占颍川郡（今河南禹县、许昌一带）。洛阳东部一战失利后，刘邦遂改变由函谷关西进的企图，决定绕道南阳郡（今河南南阳一带），经武关（今陕西商南东南）入咸阳。六月，刘邦留一部兵力守阳翟（今河南禹县），钳制秦军，自率主力南下，在犨（今河南平顶山市西南）东击败南阳守军，郡守吕齮退保宛城（今河南南阳）。刘邦依张良计，乘夜围困宛城，吕龁投降。时刘邦军已达数万，乘胜急进，连克胡阳（今河南新野东南）、郦县（今南阳北）、析县（今河南西峡），沿途注意争取人心，秦军闻风归降。八月，入武关。九月，抵峣关（今陕西商县西北）。时秦廷内乱，子婴嗣位为王，乃遣兵扼守峣关。峣关前据峣岭，后枕黄山，是自武关入咸阳必经之路。刘邦纳张良计，于关外山上广布旌旗，以为疑兵，又派人利诱守将，乘其懈怠，率军绕峣关，越黄山，进至蓝田（今陕西蓝田西），大破秦军，峣关守军投降。汉王元年（前206）十月，刘邦率军抵达霸上（今西安东南），迫子婴投降。刘邦进入咸阳，秦亡。

此战，项羽以劣势兵力勇猛进攻，成功地实施分割、围歼和截击，取得了巨鹿之战的重大胜利。其破釜沉舟的精神，为历代兵家所赞许。刘邦以少量兵力避实就虚，乘隙西进，直趋咸阳，表现了作战指导的灵活性。灭秦战争的胜利，完成了陈胜、吴广起义的历史使命，开创了中国历史上农民起义军推翻封建王朝的先例。

第二章　两汉

[一、彭城之战]

楚汉之争中，项羽重创汉军的一次远程奔袭战。

汉高祖二年（前205）三月，汉王刘邦联合反对项羽的势力在洛阳（今河南洛阳东北）誓师。四月，刘邦经外黄（今河南民权西北）东进。汉将曹参、灌婴由围津（即白马津，今滑县东）渡河，在定陶（今山东定陶西北）南击败楚将龙且、项佗军后，与汉王会合。乘项羽攻齐，后方空虚之机，诸侯联军56万人连克砀县（今河南永城东北）、萧县（今安徽萧县西北），攻占楚都彭城（今江苏徐州）。汉军获胜后搜取财宝、美女，每日宴饮，疏于戒备。项羽闻讯，

项羽

刘邦

留部分兵力攻齐，自领精兵 3 万从胡陵（今山东鱼台东南）迅速南下，先取萧县，切断汉军归路。拂晓猛攻彭城，至午即大败汉军。汉军北逃，被逼入谷水、泗水，死十余万人。又被楚军追至灵璧（今安徽濉溪西北）东，十余万人被赶入睢水中。项羽围困刘邦，意欲生擒。在形势危急时，大风骤起，飞沙走石，刘邦率数十骑趁乱脱逃。其父、妻被楚军俘获。此战，项羽指挥果断、以少胜多。刘邦贪图享乐，致汉军遭受重创。

[二、成皋之战]

楚汉战争中，刘邦、项羽围绕战略要地成皋（今河南荥阳西北）展开的决定汉兴楚亡的持久争夺战。

汉王二年（前205）四月，彭城之战后，刘邦残部退至荥阳（今河南荥阳东北）。荥阳西面的成皋，古称虎牢，北临河水（黄河），南傍嵩山，是屏障洛阳（今洛阳东）和关中的军事重镇。汉军稳住阵脚后，筑甬道至河，取敖仓（今荥阳东北）积粟食用，决心扼守荥阳、成皋，依托关中，与楚军长期抗衡。

汉王三年十月，韩信在井陉之战中击灭赵军主力。刘邦遣兵渡河策应韩信，保障翼侧安全，并联合英布、彭越，牵制楚军后方。项羽察觉汉军意图，分兵与韩信争夺赵地，自率主力攻荥阳。十二月，切断甬道，使汉军乏食。翌年四月，楚军围困刘邦于荥阳。危急之际，刘邦行缓兵计，愿割荥阳以东予楚求和；继施反间计，使谋士范增遭项羽猜忌离去。五月，刘邦用将军纪信做替身，出东门诈降；自出西门逃离荥阳，返回关中。项羽烧死纪信，继续围困荥阳，夺占成皋。刘邦在关中征得新兵，经武关（今陕西商南南）出宛（今河南南阳），吸引楚军，减轻荥阳汉军压力。项羽率主力南下，汉军坚壁不战。此时，彭越军克下邳（今江苏邳州南），威胁楚后方。项羽回师东征彭越，刘邦乘机北上收复成皋。

六月，项羽击败彭越后，复拔荥阳，进围成皋。刘邦再次逃离成皋，渡河北去。

成皋之战

楚军乘势西进，刘邦率汉军据河水北岸，坚壁不战。九月，项羽得知彭越攻占睢阳（今河南商丘南）等17城，复领兵东归讨彭越。汉王四年十月，刘邦乘项羽无暇西顾之机大破楚军，再次收复成皋。尔后占据广武（今荥阳北），取食于敖仓，围困荥阳楚军。

项羽再次击败彭越后，得知成皋失守，急率主力西进，解荥阳之围，屯军广武与汉军相持。刘邦数月坚守不战，项羽扬言以烹其父要挟刘邦决战，刘邦坚持斗智，拒不出战，被流矢射伤仍鼓舞汉军士气，坚守成皋。韩信平定齐地，对楚形成威胁。八月，项羽因士卒饥疲，不能持久，乃与汉盟约：以鸿沟为界，中分天下，东属楚，西属汉。九月，项羽将彭城之战中俘获的刘邦妻、父送还，引兵东归。

成皋之战历时两年又四个月，刘邦及其谋臣注意政治、军事、外交的配合，主、次战场的呼应，前、后方的协调，将正面相持、翼侧迂回和后方袭扰结合起来，调动、疲惫、削弱强敌，经反复搏斗，终于改变了力量对比，为灭楚兴汉奠定了基础。

[三、韩信破魏之战]

楚汉成皋之战中，汉军为解除侧翼威胁，以声东击西战法，在河东地区（今山西西南）击灭魏军的一次渡河进攻战。

汉王二年（前205）彭城之战，汉军大败，诸侯背离。占据河东的魏王豹也于五月反汉，直接威胁着汉军关中至荥阳（今属河南）的补给线。八月，刘邦以韩信为左丞相，率军攻魏。魏王豹料定汉军从临晋（今陕西大荔东）渡河水（黄河），便率主力扼守河东蒲坂（今山西永济西），阻击汉军。韩信将计就计，调集船只于临晋渡口，佯示必渡，暗中率主力从上游百余里处的夏阳（今陕西韩城南）以木罂（一种简易渡河器材）偷渡，直捣魏后方重镇安

韩信

邑（今山西夏县西北），向魏军侧后逼近。魏军仓皇迎战，一触即溃，魏王豹被俘，魏地归汉。汉军破魏的胜利，有力地支援了成皋主要战场的作战，并为北定代、赵创造了有利条件。

[四、井陉之战]

楚汉之争中，韩信指挥汉军在井陉口战胜赵军的进攻作战。又称韩信破赵之战。

彭城之战后，赵王歇、代王陈馀背汉附楚。汉王二年（前205）闰九月，韩信破代。三年十月，移兵击赵。赵王歇、陈馀集兵20万于井陉口，堵塞汉军出太行之路。谋士李左车鉴于井陉道险，建议以步兵3万自小路断绝汉军粮草辎重，主力则坚壁不出，使汉军进退不得。陈馀恐避战被诸侯耻笑，且轻视汉军兵少，不用其策，决定迎战。韩信率部进至距井陉口30里处扎营。夜半，选轻骑2000携汉军赤旗，

从小路至抱犊山（今鹿泉西北）隐蔽，命其开战后乘虚抢占赵营，并向将士宣布：今日破赵后会食。韩信以赵军先占地利，敌强己弱，乃一反常规，背井陉水（又称鹿泉水，后湮没）列阵。黎明，赵军见汉军自处绝地，笑韩信不懂兵法，出壁垒迎击。激战多时，韩信佯败，赵军倾巢追逐。汉军背水而战，没有退路，皆拼死抗击。隐蔽于抱犊山的汉军骑兵乘虚驰入赵军壁垒，树起汉旗。赵军欲退兵，回望壁垒汉军旗帜而惊惶。汉军夹击，歼灭赵军，追杀陈馀，俘赵王歇于襄国（今邢台）。

井陉之战遗址

　　此战，韩信背水设阵，得兵法"投之亡地然后存，陷之死地然后生"的精义，使汉军人自为战，以少胜多，为后世提供了灵活用兵的范例。

[五、潍水之战]

　　楚汉战争中韩信巧妙利用潍水（今山东潍河）歼灭楚齐联军的一次进攻作战。

　　汉王三年（前204）九月，韩信率军东击齐王田广，以完成对楚军的翼侧迂回，支援成皋战场。次月（四年十月），韩信袭破齐军，进占齐都临淄（今山东淄博东北）。田广败走高密（今山东高密西南），向楚求救。项羽急遣将军龙且率军救援。十一月，楚齐联军20余万与汉军数万对峙于潍水两岸。韩信鉴于敌众己寡，遂令所部乘

夜在潍水上游以沙袋垒坝塞流。拂晓，亲
率一部兵力渡河进攻，随又佯败退回西岸。
龙且以为汉军怯弱，率军渡河追击。汉军
乘其渡河决坝，河水直下，将楚军分割在
潍水两岸。汉军乘势迎击西岸楚军，杀龙且。
东岸联军见势溃散。汉军乘胜追歼，俘田广，

汉高祖刘邦墓

平定齐地。汉军在北方战场取得决定性的胜利，直接威胁项羽统治中心，为转入
反攻奠定了基础。

[六、周亚夫平七王之乱]

西汉景帝时期，周亚夫等率军平定以吴王刘濞为首的七个诸侯王叛乱的
战争。

起因　汉高祖刘邦翦除异姓诸侯王后，大封同姓诸侯王以镇抚天下。
后来诸王封地实际成了独立王国，与汉廷的矛盾日益激化。汉文帝用贾谊
策，将一些诸侯国分小。汉景帝时又采纳御史大夫晁错削藩的建议，将诸
侯王的部分封地收归朝廷管辖。由此触发了以吴王刘濞为首的七王之乱。

七王反叛　刘濞是刘邦的侄儿，经营吴地40余年，蓄谋夺取中央政权。汉
景帝前元三年（前154）一月，汉廷下诏削夺吴国会稽（约今江苏东南部及浙
江、福建）、豫章（约今江西）两郡。刘濞即以诛晁错清君侧为名，在广陵（今
江苏扬州）起兵，企图经函谷关（今河南灵宝东北）入长安。他与楚王刘戊通
谋，率吴、楚军先攻景帝子刘武为王的梁国，破棘壁（今河南永城西北，一说
柘城西北），大败梁军，乘胜围攻梁国都城睢阳（今河南商丘南）。同时，胶
西王刘卬、胶东王刘雄渠、淄川王刘贤、济南王刘辟光亦起兵围攻齐国都城临
淄（今山东淄博东北），赵王刘遂也起兵反叛，形成七王联合反对汉廷之势。

七国之乱

平乱　汉景帝得知诸王起兵，任周亚夫为太尉，率领36将军迎击吴、楚军。命曲周侯郦寄击赵军，将军栾布击齐地诸叛国，以外戚窦婴为大将军屯守荥阳（今属河南）。周亚夫采纳赵涉建议，避开吴军设有间谍的崤、渑（今陕西潼关至河南渑池一带），绕道武关（今陕西商南东南），直趋洛阳。进至淮阳（今属河南）后，又依邓都尉计，率军直抵战略要地昌邑（今山东巨野南），深沟高垒，欲以逸待劳。时吴、楚军全力攻梁。梁王几次遣使向周亚夫求援，景帝后来也下诏命周亚夫救梁。周亚夫深知吴、楚军势虽盛，但不能持久，且梁国尚有一定的抗御实力，故仍坚守昌邑，派弓高侯韩颓当等率轻骑出淮泗口（淮水与泗水合流处，在今洪泽湖内），迂回吴、楚军侧后，断其粮道。刘武亦命大将韩安国、张羽等全力抵御，屡败吴、楚军。吴、楚军攻梁不下，转攻周亚夫率领的汉军主力，双方对阵于下邑（今安徽砀山），吴、楚军因久战乏粮，急欲速决，先是多次挑战，周亚夫坚壁不应，继又声东击西，欲攻破汉军壁垒，又被周亚夫识破，终因饥疲不堪，被迫撤退。周亚夫乘机派精兵追击，大破吴、楚军。刘濞弃军逃至丹徒（今属江苏），被东越人所杀，刘戊自杀，吴、楚起兵三月即败。栾布率兵至齐，解临淄之围。刘雄渠、刘卬、刘辟光、刘贤等兵败被诛或自杀。栾布随即还师与久围邯郸不下的郦寄合兵，引水灌城，刘遂自杀。

七王之乱的平定，维护了西汉王朝的统一，加强了中央集权。

[七、河南、漠南之战]

汉武帝元朔二年（前127）至六年，汉军在今内蒙古河套地区对匈奴袭扰势力进行的大规模反击战。

秦汉之际，冒顿单于统一匈奴各部后，实力强盛，经常向南袭扰。从高祖至景帝，汉王朝对匈奴主要采取和亲政策，但匈奴攻掠边郡事件有增无已。文帝时，匈奴攻占河南地（今内蒙古鄂尔多斯市一带），一度威胁长安（今西安）。武帝即位后，随着国力增强，对匈奴改取以军事打击为主的政策，大力建设骑兵，加强沙漠草原地带的作战准备。元光二年（前133），汉军30万在马邑（今山西朔县）设伏，企图诱击匈奴骑兵，被匈奴发觉，未果。

元朔二年春，匈奴袭扰上谷（今河北怀来东南）、渔阳（今北京密云西南），杀、掳千余人。汉朝采取胡骑东进、汉骑西击的方略，遣车骑将军卫青、将军李息率军出云中（今内蒙古托克托东北）北进，急转西向，沿外长城直指高阙（今内蒙古临河北），切断匈奴右贤王与其所辖河南地的联系，后折向南，对游牧于河南地的匈奴楼烦王、白羊王两部实施迂回包围，歼

卫青率军出击匈奴的高阙塞遗址

数千人，两王逃走。汉朝在河南地设朔方郡。

匈奴不甘失败，右贤王频频攻掠朔方，企图夺回河南地。五年春，卫青率军出朔方，反击右贤王。李息率军出右北平（今内蒙古宁城西南），以牵制单于及左贤王，策应卫青。卫青自率3万骑出高阙塞外六七百里，乘夜突然包围右贤王庭。右贤王无备，仓皇率数百骑突围北逃。汉军俘匈奴1.5万人而还。

六年二月，卫青率六将军、10余万骑出定襄（今内蒙古和林格尔西北）反击匈奴，歼3000人。四月复出定襄，歼万余人。汉军亦受重创，右将军苏建、前将军赵信所部3000余骑在与单于本部激战中损失惨重，赵信率800余骑投降匈奴，苏建只身逃归汉营。

河南、漠南之战，给匈奴袭扰势力以沉重打击，匈奴损失大量人、畜，撤出河南、漠南地区，退居漠北。

[八、河西之战]

汉武帝元狩二年（前121），骠骑将军霍去病两次进军河西（今河西走廊及湟水流域），打击匈奴的作战。

河西走廊地形

河西本为月氏部族蕃息之地。汉文帝初年，匈奴逐走月氏，据其地，西控西域，南结羌人，不断侵扰汉陇西地区。元狩二年三月，汉武帝为打通河西走廊，切断匈奴与羌人联系，令骠骑将军霍去病率骑兵万人，出陇西郡（治今甘肃临洮），过焉支山（今甘肃山丹东南），深入千余里，杀匈奴折兰王、卢侯王，俘浑邪王子，歼匈奴近9000人。同年夏，武帝遣霍去病与合骑侯公孙敖率数万骑兵出北地郡（治今甘肃庆阳西北），分两路进兵。同时命博望侯张骞、郎中令李广率1.4万骑兵出右北平郡（治今内蒙古宁城西南），牵制匈奴左贤王部。霍去病由今环江沿岸向西北行，再沿黄河北进，出朔方郡鸡鹿塞（今杭锦后旗西），穿过今乌兰布和、巴丹吉林沙漠，到达

马踏匈奴

居延（今额济纳旗东南）后南下，向祁连山（今河西走廊南山）、合黎山之间的匈奴发起猛攻，俘匈奴小王5人、官吏2000余人，斩杀3万余人。秋，匈奴浑邪王、休屠王共谋降汉。武帝遣霍去病率兵往迎。休屠王悔降。浑邪王杀休屠王，合并其部，率4万余人向霍去病投降。

汉军长途行军，用精骑突袭匈奴，两次作战利用时间和方向上的突然性，获得大胜。汉朝控制河西走廊后，先后设置武威、酒泉、张掖、敦煌四郡，沟通西域诸国，为而后西北地区用兵创造了有利条件。

[九、漠北之战]

汉武帝元狩四年（前119），汉王朝以强大骑兵部队深入大漠（今蒙古高原大沙漠）以北，击败匈奴袭扰势力的一次远程奔袭战。

汉武帝刘彻

河南、漠南之战后，匈奴单于虽率部远徙漠北，仍不断攻掠汉朝北部边郡，企图诱汉军越过大漠，以逸待劳，击灭汉军。

四年春，汉武帝遣大将军卫青、骠骑将军霍去病各率 5 万骑兵，分两路深入漠北，寻歼匈奴主力。并组织步兵数十万、马数万匹以保障作战。单于闻讯，转移辎重，部署精兵于大漠北缘，迎击汉军。

汉武帝原拟以霍去病部由定襄（今内蒙古和林格尔西北）北进，闻单于东去，乃改令其出代（今河北蔚县东北），命卫青部出定襄。卫青率前将军李广、左将军公孙贺、右将军赵食其、后将军曹襄等出塞后，得知单于并未东去，遂自领精兵疾进，令李广、赵食其从东路迂回策应。卫青行千余里，穿过大漠，与早已布阵的单于本部接战，卫青先以武刚车（兵车）环绕为营，稳住阵脚，随即遣5000 骑出战。至日暮，大风骤起，沙石扑面，卫青乘势指挥骑兵从两翼包围单于。单于见汉军兵强马壮，自料难以取胜，率精骑数百，突围向西北逃走，匈奴军溃散。卫青急派轻骑追击，自率主力跟进。直至寘颜山（今蒙古人民共和国杭爱山南面的一支）赵信城，歼近 2 万人，烧其积粟还师。李广、赵食其因迷失道路，未能与卫青会师漠北。霍去病率校尉李敢等出塞后，同右北平郡（治今内蒙古宁城西南）太守路博德部会师，穿过大漠，与匈奴左贤王部遭遇。汉军力战，夺左贤王指挥旗鼓。匈奴兵溃逃。霍去病率部穷追，转战漠北，直至狼居胥山（今蒙古人民共和国乌兰巴托东，一说今内蒙古克什克腾旗西北）等地，深入 2000 余里，歼 7 万余人而还。

漠北之战，汉军作战指导明确，准备充分，以骑兵实施突击，步兵担任保障，分路进击，果敢深入，是在沙漠草原地区进行的一次成功作战，在中国战争史上具有重要地位。

[十、李广利攻大宛之战]

大宛（今费尔干纳盆地）地处西域，以产汗血马闻名。汉武帝欲改良马种，遣使求购，遭拒绝，使者被杀。太初元年（前104）末，以李广利为贰师将军，率数万人西攻大宛。

因道远饥疲，次年，半途被郁成（位大宛东）王击败，还师敦煌（今属甘肃），士卒仅剩十之一二。武帝深感有损国威，担心西域各国依附匈奴，决计再度出兵。三年，李广利率兵6万，组织庞大辎重队伍，分兵从南、北道进击大宛王都贰师城（今乌兹别克斯坦安集延南），并遣少量部队攻打郁成。3万汉军围贰师城后，断其水源，激战40余日，城内恐慌，大宛贵族杀国王求和。李广利取良马还师。战后，西域各国与汉王朝的交往逐渐增多。

[十一、赵充国攻西羌之战]

汉宣帝神爵元年（前61）春，居今青海湖一带的西羌先零部胁迫诸部起兵反汉，危及汉河西诸郡。

年已76岁的赵充国自请为将，六月率骑兵万人及步兵自金城（今兰州西北）出发，沿湟水西进至临羌（今青海湟源）。采取打击先零、招抚诸部羌人的方略，于秋天攻破先零部，继入其余诸部，禁止烧杀掳掠，善待部族首领，诸部不战而服。时先零余部远避于山林险阻，赵充国奏准留步兵九校、吏士万人沿湟水屯田。先零余部日渐离散。赵充国于次年五月回师。秋，西羌诸部归汉。

[十二、昆阳之战]

新莽末年，绿林农民起义军在昆阳（今河南叶县）歼灭王莽主力军的一次战略性决战。

王莽建立"新"政权后，托古改制，使社会矛盾日趋激化，导致绿林、赤眉农民起义先后爆发。新莽地皇四年（23）正月，绿林军围攻宛城（今南阳），更始帝刘玄遣王凤、刘秀等率偏师北上，策应攻宛作战。三月，王凤军连克昆阳、定陵（今郾城西）、郾县（今郾城南），得牛马财物及谷数十万斛，增援围宛大军。

王莽得知绿林军围攻宛城，感到长安（今西安西北）所受威胁更为严重，急忙改变部署，遣大司空王邑、大司徒王寻征发各州郡兵42万号称百万，携带一批虎豹犀象以壮军威。五月进抵颍川（今河南禹州），与大将军严尤、陈茂军会合，逼近昆阳城北。其时，驻守昆阳的绿林军仅八九千人，多数将领主张放弃昆阳以避敌锋。刘秀认为坚守昆阳，围宛城义军可保，畏敌退却则两处皆遭破灭。刘秀说服诸将，以王凤、王常守城，自领十三骑趁夜出城去郾县、定陵等地调集援兵。

王寻、王邑列营百余所，围昆阳数十重。驾云车十余丈，俯瞰城中，以冲车撞城，又挖地道攻城。义军昼夜抵御，形势危急。六月初一，刘秀带援军回昆阳。自领步骑千余人为前锋，杀敌数十人，诸将并力奋进。王莽军被歼千人，刘秀伪造宛城已破的战报，用箭射入城中，鼓舞义军坚守；又使战报传入王莽军营，以动摇其军心。刘秀率三千敢死士兵由城东迂回城西，涉过昆水（今叶县辉河），冲击王寻、王邑大营。王寻、王邑传令其他各营不得擅动，自率万余人出战。两军激战，王寻、王邑军失利溃乱，各州郡兵不敢违令相救。刘秀军乘势冲击，杀王寻。昆

王莽改制——新莽货币

刘秀

阳城中义军鼓噪而出，内外夹攻，致王莽军大乱。溃军涉潍水（今叶县沙河）时恰逢河水暴涨，溺死者上万人。王邑、严尤等仅率数千人逃回洛阳。

此战，刘秀等将领以偏师牵制强敌，以精干援军捣敌中枢而获大胜，为进军洛阳、长安，推翻王莽政权创造了条件，是中国历史上以少胜多的著名战例之一。

[十三、刘秀统一关东之战]

刘秀在东汉初年的统一战争中，各个击破关东（函谷关以东地区）割据势力的作战。

建武元年（25），刘秀称帝后，占据中原（今河南、河北大部和山西南部）要地，但四周都为地方豪强割据：东有刘永、董宪、张步、李宪，北有彭宠，西有隗嚣、公孙述，南有秦丰、田戎。此外，尚有数十万农民军活动于河水（黄河）

汉光武帝刘秀

南北。刘秀根据形势，稳住隗嚣，集中力量消灭对中原威胁最大的关东割据势力，并针对其彼此联系松散的弱点，集中主力由近及远，各个击破。

二年三月，刘秀命大将盖延率军 5 万进击直接威胁都城洛阳的刘永集团。盖延进至封丘（今河南封丘西南），分兵两路，夹击刘永于睢阳（今河南商丘南），攻战数月破城。刘永逃谯县（今安徽亳县）。汉军乘胜追击，夺占沛、楚、临淮三郡国（约今河南周口、商丘，江苏徐州，安徽阜阳、宿县地区）大部。后刘永复据睢阳，刘秀于次年命大司马吴汉及盖延再击刘永，围困睢阳百日，刘永粮尽突围，为部将所杀，睢阳守军降。豫州东部、徐州大部（约今豫东、皖北、苏北和鲁东南地区）均为刘秀所有。

刘秀在以优势兵力进击刘永集团的同时，消灭了南阳刘玄余部及董䜣、邓奉等势力，大败秦丰、田戎，并镇压了赤眉农民起义军。此后，刘秀又遣军北攻彭宠，夺取燕、蓟等地区。

五年，刘秀继续向东发展。六月，亲率吴汉等攻东海郡（治今山东郯城北）董宪，将其大败于昌虑（今山东枣庄西北）。董宪退保郯（今山东郯城北）。八月，吴汉破郯，董宪逃朐（今江苏连云港西南），其主力被歼。十月，刘秀乘胜命大将耿弇进击张步，攻占祝阿（今济南西）、钟城（今济南南），诱杀其大将费邑，连破 40 营，夺取济南郡（约今济南），继克临淄（今山东淄博东北）。张步为挽回败局，率军号称 20 万，直扑临淄。耿弇以城为依托，诱其进攻，然后以奇兵袭击张步军，连战获胜。张步被迫降汉。六年正月，吴汉领军破朐，斩董宪。刘秀军歼灭李宪于舒（今安徽庐江西南）。至此，关东割据势力全部被消灭。

关东的统一，巩固了东汉政权，为尔后击灭隗嚣、公孙述，夺取陇、蜀，取得统一战争的最后胜利奠定了基础。

[十四、崤底之战]

东汉初年，刘秀军在崤山（今河南陕县东南）谷地镇压赤眉农民起义军的作战。

建武二年（26）九月，占领长安（今西安）的赤眉军西向陇东筹粮，为当地割据势力隗嚣击败退回，再度陷入饥馑，并为地方豪强武装包围。不久，被迫放弃长安东走。此时，已称帝洛阳的刘秀为一举扑灭赤眉军，决定凭借崤函险道，以逸待劳，对赤眉军实施截击。遂派冯异代替邓禹为主将，急速西进，至华阴（今陕西华阴东）阻击赤眉军 60 多天。次年正月，冯异撤至湖县（今河南灵宝西北）与邓禹部汇合。邓禹邀功心切，迎战赤眉军，败走宜阳（今河南宜阳西）。冯异率军相救，亦败逃回溪（今河南渑池南），后收集散兵和当地豪强武装数万人，与赤眉军继续交战。二月，冯异先遣兵一部化装为赤眉军潜伏路旁，以少数兵力诱使对方进攻，再以主力相拒，待其攻势衰减后，用伏兵突袭，赤眉军溃乱，8 万余人投降。接着，刘秀亲率大军，与先期部署于新安（今河南渑池东）、宜阳的侯进、耿弇部会合，拦截折向宜阳的赤眉军余部。赤眉军几经挫折，粮尽力竭，樊崇等率 10 余万人投降。前后延续 10 年的赤眉农民起义战争遂告失败。

邓禹

[十五、刘秀攻蜀之战]

东汉初年，刘秀遣军消灭割据蜀地的公孙述集团的溯江进攻战。

刘秀摧毁陇西隗嚣势力后，于建武十一年（35）春挥兵攻蜀。公孙述面对汉军攻势，采取东依三峡、北靠巴山、据险防守之策，派将军王元等屯军河池（今甘肃徽县西北）、下辨（今甘肃成县西北），防御汉军南攻，命翼江王田戎等守

荆门、虎牙（今湖北宜昌东南隔江相望之二山），并架浮桥、修望楼，阻止汉军西进。刘秀据此采取南北合击、水陆并进、钳攻成都的作战方略，派大将岑彭、大司马吴汉、将军臧宫等率水陆军6万余、骑兵5000，乘战船数千艘，溯江西进；命大将来歙等出天水（今甘肃通渭西北），相机南进。

闰三月，岑彭为分割荆门、虎牙蜀军，焚烧浮桥、望楼，从水路突破，攻占夷陵（今湖北宜昌境），继克沿江诸险，迫田戎退保江州（今重庆）。六月，岑彭留将军冯骏监视田戎，自率主力北上，破平曲（今重庆合川西北）。此时，北面来歙率军大败王元军，攻占下辨，乘胜南进。公孙述派刺客杀来歙，阻止汉军南下，并急速调整部署：派大司马延岑及王元等率军据守于广汉（今四川射洪南）、资中（今四川资阳）等地；派将军侯丹率2万人屯黄石（今重庆江津境），阻击汉军。岑彭亦调整部署，留臧宫率降卒5万钳制延岑军，自率主力取道江州，溯江西上。八月，攻占黄石，击败侯丹军。接着，倍道兼行，攻克武阳（今四川彭山东），并出精骑直捣蜀之腹地广都（今成都南）。此时，臧宫溯涪江，袭击蜀军，歼万余人，迫王元部投降，延岑败逃成都。十月，公孙述派人在武阳刺杀岑彭，汉军退出武阳。刘秀急命吴汉率军3万自夷陵沿江直上，接替岑彭。十二年正月，吴汉进抵南安（今四川乐山），在鱼涪津（今四川乐山北）大败蜀军，继而绕过武阳，攻取广都。七月，冯骏攻占江州。九月，臧宫连克涪县（今四川绵阳东）、绵竹（今四川德阳北）、繁（今四川新都西北）、郫（今四川郫都区）等城。随即与吴汉会师，直逼成都。

汉军兵临城下，公孙述招募敢死士，袭击汉军，初获小胜，便以为汉军力尽。十一月十八，公孙述贸然反击，派延岑击臧宫，自率数万人攻吴汉。吴汉以一部迎战蜀军，待其疲困后，遣精兵数万突然进击，蜀军大乱，公孙述战死。次晨，延岑举城降。至此，刘秀取得了统一战争的最后胜利。

刘秀攻蜀，是中国战争史上溯三峡进军，并利用江河实施深远距离迂回进击的著名战例。

[十六、窦宪破北匈奴之战]

东汉和帝永元元年至三年（89～91），窦宪统军大破北匈奴的作战。

东汉建武后期，匈奴分裂为南北两部，相互攻战不已。章和元年（87），北匈奴内乱，屈兰储等58部20万人投汉。次年，南匈奴单于请汉朝乘机共击北匈奴。

永元元年六月，东汉朝廷以窦宪为车骑将军，率军5万骑分三路攻北匈奴。由鸡鹿塞（今内蒙古杭锦后旗西）、满夷谷（今包头北）、阳塞（今土默特右旗西）出兵，会师涿邪山（今蒙古戈壁阿尔泰山）后，窦宪遣副校尉阎磐、司马耿夔等率南匈奴万余骑为前锋，直趋稽落山北单于庭，围歼北匈奴军主力，单于北逃。窦宪率军追至私渠比海（今蒙古邦察干湖），歼名王以下1.3万人，获牲口100万头，归降者81部20万余人。窦宪、耿秉登燕然山（今杭爱山），令中护军班固作铭刻石纪功，颂扬汉朝威德。朝廷遣使至五原（今内蒙古包头西），任窦宪为大将军。

窦宪破北匈奴

次年五月，窦宪派阎磐率2000余骑攻占伊吾（今新疆哈密西北），切断北匈奴与西域的联系，有力地支援了正在平定西域的班超。九月，北匈奴单于复遣使称臣。窦宪派人前往迎接，一面暗遣部将协助南匈奴两路长途奔袭，迂回合围北单于庭。单于率数十骑逃走，汉军获其玉玺及阏氏，俘数千人。

三年二月，窦宪乘北匈奴衰弱之时，遣军出居延塞（今内蒙古额济纳旗东南），驰往金微山（今阿尔泰山），再破北单于庭，歼其5000余人。十二月，复置西域都护。此后，北匈奴一部西迁，其余溃散。四年，窦宪还师，延续百余年的汉与匈奴战争得以结束。

[十七、段颎攻羌之战]

东汉后期，段颎率军对起兵反抗汉廷的羌族进行的作战。

东汉自桓帝以后，朝政更加腐败。游牧于今青海、甘肃一带的羌族不堪官府苛政，大规模起兵反抗，攻掠州郡。汉王朝筑垒防御，屡遭失败，遂起用积极主张攻战的段颎为护羌校尉，统兵攻羌。段颎针对羌兵行动快速而力量分散的特点，定下各个击破、穷追歼灭的对策，并将归汉的羌民编入军中，组成一支适应高原山区作战的部队。

延熹二年（159），烧当、烧何、当煎等羌袭扰陇西（今甘肃临洮）、金城（今兰州西北），段颎率1.2万余骑溯湟水攻破西羌诸部，追至罗亭（今青海化隆境），歼1.2万余人。次年，烧何羌等部北攻张掖（今甘肃张掖西北），段颎率军急袭，羌兵退走。段颎督军追击40余日，出塞2000余里，围歼烧何羌兵于积石山（今青海阿尼玛卿山）。尔后分兵攻塞内诸部羌，歼数千人。后段颎因事获罪下狱。六年，羌兵攻势转盛，汉廷复起用段颎攻羌。八年，当煎羌起兵于湟中（今西宁一带），包围段颎军。段颎固守三日，待其懈怠，乘夜潜出，回师袭击其侧背，大破羌兵，并穷追不舍，自春至秋，无日不战。西羌诸部败散。

建宁元年（168）春，段颎率军转攻东羌诸部，出彭阳(今甘肃镇原东南)，袭击先零羌于逢义山（今宁夏西吉东北）。段颎军布方阵攻战：正面列长矛兵三行，其间配以强弩，

汉朝授给羌族首领的"汉归义羌长"铜印

以两翼骑兵掩护。羌兵势众，长于格斗，但短于配合，在汉军严整方阵冲击下败溃，段颎挥军滥杀羌民8000余。二年夏，段颎遣兵一部进入羌族聚屯的凡亭山（今六盘山）扎营，诱羌兵进攻，乘机将其击溃。羌兵复聚屯于射虎谷（今甘肃天水西），扼守谷口。段颎派兵伐木设障40余里，封锁羌兵南退道路，并秘密遣军7000人夜奔西山，逼近羌兵，掘堑待战，另遣3000人据东山。羌兵猛攻西山，段颎乘虚攻入谷口，并指挥东西两山汉军合击，歼1.9万余人，余众败散。

东汉王朝以段颎攻羌，虽获胜利，却大损国力，加速走向衰落。

[十八、官渡之战]

东汉建安五年（200），曹操统军在官渡（今河南中牟境）地区击败袁绍军队进攻的一次决战。

东汉末年，黄巾起义失败后，镇压义军的豪强势力拥兵割据，逐鹿中原。北方最大的割据势力袁绍自恃实力雄厚，图谋相机消灭曹操集团。曹操挟天子以令诸侯，整饬政务，屯田积粮，加紧准备抗击袁绍。建安四年秋，曹操遣军到河水（黄河）南的军事要地官渡，筑垒备战。次年一月，依附曹操的刘备投奔袁绍。袁绍乘机兴师南攻，至河水北岸，被驻防黎阳（今河南浚县境）的曹将于禁阻滞。曹操得以集结军队近2万人于官渡，待机与袁绍决战。

二月，袁绍率兵卒10万、骑兵万余进占黎阳。遣大将颜良南渡黄河围攻白马城（今河南滑县境）。曹操采纳谋士荀攸声东击西之计，于四月率军驰河水渡口延津（今河南延津北），佯示北渡。袁绍分兵西应，曹操挥师东袭，击败袁军，斩颜良，解白马之围，徙该城官民向西南缓退诱敌。袁绍遣大将文丑与刘备率6000轻骑渡河急追。曹军至延津南设伏，解

官渡之战

鞍放马，丢弃辎重。袁军追至，纷纷争抢财物。曹操乘机以近600骁骑袭击追兵，斩杀文丑。

　　袁绍初战失利，锐气受挫，于是变分军进击为结营紧逼，企图以优势兵力迫曹军决战。并遣刘备等进据汝南（今河南平舆北），袭扰曹军后方。曹操避免在不利条件下决战，主动退守官渡。同时，遣曹仁、于禁袭扰袁军侧后，并下令州郡宽政缓税，稳定后方。八月，袁军由阳武（今河南原阳东南）推进至官渡，依托沙丘修筑营垒，东西数十里。曹军亦分设营垒与之对峙。袁军于营中筑土山，造高橹，用强弓俯射曹营，曹操则造霹雳车发石摧毁高橹。袁军复掘地道攻曹营，曹军挖壕相拒。在对垒中，袁绍一再拒绝部属分兵袭击都城许（今河南许昌东）的建议，企图待曹军粮尽败退，乘势攻歼。后曹军缺粮，士卒疲惫，后方时有反叛，曹操欲回守许，谋士荀彧认为，曹军以弱敌强，此时退兵必为所乘，相持已久，袁军必将有变，正可出奇制胜。曹操采纳其建议，顽强坚守，不久获得补给后，出奇兵袭烧袁军粮车，迫袁绍分兵护运粮秣。

　　十月，袁绍遣淳于琼率兵万余，押运粮车万余辆，屯于袁绍大营北40里的乌巢（今河南封丘西）。监军沮授以乌巢屯粮至关重要，建议增兵守护，谋臣许

攸再次建议分兵袭许，均被袁绍拒绝。许攸素与袁绍不和，适其家眷犯法下狱，愤而降曹，并献计偷袭乌巢。曹操令曹洪守官渡，亲率5000精锐，冒用袁军旗号，诈称援兵，乘夜取小道奔袭乌巢，围困淳于琼军，焚烧屯粮。袁绍知乌巢被袭，仍拒绝部将张郃以主力驰援的建议，仅遣轻骑往救，亲率主力进攻曹营。天明，曹操知袁军救兵将至，督军奋战，先破淳于琼营，再败援军，烧毁乌巢粮秣，乘胜还师官渡。袁军攻曹营不克，知乌巢失守，军心动摇，内讧迭起，张郃烧毁战具降曹。曹操乘机进攻，大败袁军，追至河水，共消灭袁军主力7万余人，缴获全部军资。袁绍仅率800余骑北逃，从此一蹶不振。

官渡之战，曹操利用袁绍恃强骄躁、不善用人、疏于筹策的弱点，后发制人，攻守相济，把握战机，出奇制胜，成为中国古代战争史上以少胜多的著名战例。

[十九、曹操攻乌桓之战]

东汉末年官渡之战后，袁绍病亡，其子袁尚、袁熙投奔居今冀东、辽宁一带的乌桓族，以图再起。曹操为消灭袁氏残余势力，巩固北方，于建安十一年（206）开凿沟通呼沱河、鲍丘水的平虏、泉州二渠（今天津南北），以输送军需。次年夏，曹操统军出无终（今天津蓟州区），东攻乌桓。

时雨涝道路阻塞，乌桓军扼守要道，曹军受阻。曹操采纳当地名士田畴出偏僻小道以攻其不备的建议，乃回师，诈称待秋冬进军。乌桓军因此戒备松弛。曹操以田畴率部曲为向导，上徐无山（今河北遵化东），轻骑出卢龙塞（今河北喜峰口一带），于崇山峻岭中疾行数百里。八月，进至距柳城（今辽宁朝阳附近）约200里处，乌桓单于蹋顿等仓皇调集数万骑迎击。两军于白狼山（今辽宁喀喇沁左旗境）遭遇。曹操登

曹操

高审势，见乌桓军阵列不整，遂以帅旗授张辽，令其统军急袭。乌桓军猝遭打击，顿时大乱，蹋顿被斩，全军崩溃。曹操乘胜攻占柳城后还师，并迁乌桓及汉民众20余万入塞。袁氏兄弟率数千骑投奔辽东太守公孙康。公孙康为结好曹操，斩袁氏兄弟。曹操攻乌桓的胜利，为尔后南攻西征解除了后顾之忧。

[二十、赤壁之战]

东汉建安十三年（208），孙权、刘备联军在长江赤壁（今湖北蒲圻西北，一说嘉鱼东北）一带，大败曹操军队的一次著名决战。

曹操败袁绍、破乌桓，基本统一北方后，于建安十三年七月，自宛（今河南南阳）挥师南下，欲先灭刘表，再顺长江东进，击败孙权，以统一天下。

九月，曹军进占新野（今属河南），时刘表已死，其子刘琮不战而降。依附刘表屯兵樊城（今属湖北）的刘备仓促率军民南撤。曹操收编刘表部众，号称80万大军向长江推进。刘备在长坂（今湖北当阳境）被曹军大败后，于退军途中派诸葛亮赴柴桑（今江西九江西南）会见孙权，共谋抗曹。孙权慑于曹军声威，举棋不定。周瑜、鲁肃与诸葛亮等精辟分析局势，指出曹军兵力虽实有20余万，但有后方不稳、远道劳师、不服水土、短于水战等弱点可乘，坚定了孙权与刘备结盟抗曹的决心。孙权命周瑜为主将，程普为副，率3万精锐水军，联合屯驻樊口（今湖北鄂州境）的刘备军，共约5万人溯长江西进，迎击曹军。

曹军乘胜攻取荆州重镇江陵（今属湖北）后，顺长江水陆并进。十一月，被孙刘联军阻击于赤壁。曹军不善水战，又值疾疫流行，战斗力大减，初战受挫，被迫驻守江北乌林（今湖北洪湖县境）一带，隔江与联军对峙。曹操下令将战船首尾相连，结为一体，以

周瑜

利演练水军，伺机攻战。

联军虽初战获胜，但在曹军改变方略后，求战不得。周瑜自度溯水攻战，供给困难，须力避久峙，即采纳部将黄盖所献火攻计，并令其致书曹操诈降，以出奇制胜。曹操自信稳操胜券，戒备松懈。黄盖

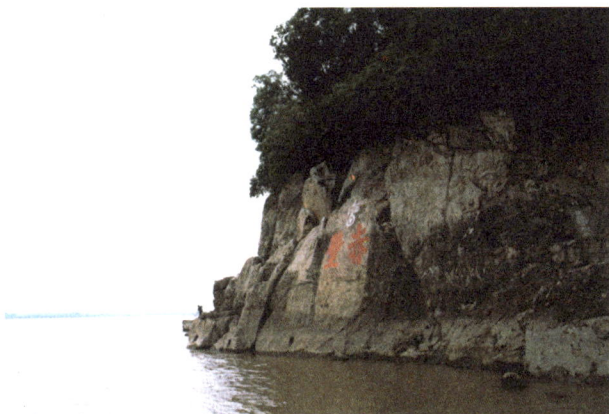
湖北蒲圻赤壁遗址

择时率蒙冲斗舰十艘，满载薪草，灌注膏油，外用帷幕伪装，上竖军旗，乘东南风扬帆疾驶曹军水寨，余船跟进。船上水军齐呼投降，曹军将士争相观望。黄盖待船队逼近曹军，下令同时点燃薪草，水军换乘小船退走。火船乘风闯入曹军船阵，顿时一片火海，延及岸上营寨，曹军死伤惨重。周瑜等率军乘势冲杀，曹军溃败。曹操领残部从华容道（今湖北潜江南）逃向江陵，兵力折损大半，无力再战，遂率部北退，留征南将军曹仁固守江陵。

联军乘胜扩张战果。周瑜率军溯江进攻江陵，分遣部将甘宁绕道攻取夷陵（今湖北宜昌境）。孙权统大军东征合肥。刘备领兵追至江陵后回师夏口（今武汉境），溯汉水北进以迂回曹仁后方，并分兵抢占荆州要地。赤壁决战，曹操在有利形势下，轻敌自负，指挥失误，终致战败。孙权、刘备在强敌进逼关头，结盟抗战，扬水战之长，巧用火攻，终以弱胜强。此战为尔后魏、蜀、吴三国鼎立奠定了基础。

[二十一、渭南之战]

东汉建安十六年（211），曹操为夺取关中，于渭水以南地区击败马超、韩遂等军的作战。

赤壁之战后，曹操南下受阻，转而向西发展。十六年三月，马超、韩遂等得知曹操欲西进关中，即合兵10万，共同拒曹。曹操先令安西将军曹仁督诸将进逼潼关，坚壁不战。七月，亲自统军与马超等对峙于潼关。八月，曹操佯示急攻，诱关中诸将聚集，乘渭北空虚，暗遣将军徐晃、朱灵领4000步骑从蒲坂津（今山西永济西）渡河水（黄河），据河西为营。闰八月，曹操自潼关附近北渡河水，至蒲坂再渡河与徐晃会合，沿河向南。马超等率潼关守军急趋渭口（渭水入黄河口），堵击曹军。曹操挥师至渭水北岸，设疑兵掩护架浮桥，乘夜分兵至渭水南结营，威胁马超等军左翼。马超等恐归路被截，急分

陕西古潼关西门及瓮城遗址

兵偷袭曹营，为伏兵击败，乃集中主力防守，并割地请和，曹操不允。九月，曹军主力渡渭，坚守不战。马超等欲战不成，再次求和。曹操采纳谋士贾诩离间计，假意应允。待马超、韩遂猜忌和懈怠之际，曹军迅速发起进攻，先以轻兵出击，继以骑兵从两翼夹攻，大获全胜。马超、韩遂败退西走，关中遂为曹操所占。

[二十二、张辽守合肥之战]

东汉建安二十年（215），魏将张辽在合肥地区以攻为守、以少胜多的著名守城战。

曹操占领关中后，转而与孙权争夺淮南地区。建安十九年，曹操率军进驻合肥。不久，夏侯渊占领陇右（今甘肃陇山西），曹操乃亲率主力西取汉中，令张辽等

领兵7000余留守。次年八月，孙权统兵10万攻合肥。张辽按曹操既定作战方略，留将军乐进率军一部守城，与李典在吴军围城未合之前，连夜选800勇士，凌晨披甲出战，斩吴军两员大将。孙权突遭袭击，仓皇退守高地，后见魏军甚少，乃将张辽等团团围住。张辽杀出重围，随从仅数十人，又杀入重围救出余众。战至日中，吴军锐气大挫，张辽等安然还城。孙权围合肥十余日不克，逢疫疾流行，被迫撤军。张辽乘势倾全力追击，斩吴偏将军陈武，伤将

安徽合肥逍遥津张辽塑像

军凌统，击败甘宁、吕蒙、蒋钦诸部。孙权至逍遥津（今合肥东），跃马过断桥，方得脱险，退军江东。

[二十三、吕蒙袭江陵之战]

赤壁之战后，孙权、刘备各占荆州（约今湖北、湖南）一部。东汉建安二十二年（217）孙权命左护军吕蒙守陆口（今湖北嘉鱼西南），与驻守江陵（今属湖北）的关羽相邻。

二十四年（219）七月，关羽乘刘备夺取汉中的胜利，留兵一部守江陵，亲率主力抵襄阳、樊城（今属湖北），围攻魏将曹仁。孙权早有尽夺荆州的企图，闻关羽北进，采纳吕蒙之计，令其称病回建业（今江苏南京），由威名未著的陆逊代守陆口。陆逊到任后，致书恭维关羽，以骄其志。关羽遂不以吴军为虑，增兵围襄阳、樊城，江陵更为空虚。孙权乘机遣使暗通曹魏，于闰十月派右护军蒋钦督水军进入沔水（汉水），防关羽顺流而下，令吕蒙为大督率军直趋江陵。

陆逊

吕蒙至寻阳（今湖北黄梅西南），将战舰伪装成商船，摇橹兵士皆穿白衣，扮为商人，昼夜兼程至公安（今属湖北），迫蜀守将傅士仁归降。继用傅士仁劝降江陵守将糜芳，并厚待关羽将士眷属，抚慰百姓，释放关羽俘获的魏军将士。同时，令陆逊进至夷陵（今湖北宜昌境），西防刘备。曹操于孙权出兵同时，遣军解曹仁围，关羽退兵，途中获悉江陵失守，求援不得，奔走麦城（今湖北当阳东南）。孙权遣军围城，关羽潜逃，被吴军俘杀。孙权夺取荆州后，实力大为加强。

[二十四、夷陵之战]

三国时期，吴军在夷陵（今湖北宜昌境）一带挫败蜀军进攻的著名防御战。亦称猇亭之战。

东汉建安二十四年（219），孙权袭夺荆州（约今湖北、湖南），擒杀蜀将关羽。蜀章武元年（221），刘备不顾群臣反对，率军攻吴，企图为关羽报仇，夺回荆州。孙权向刘备求和不成，便一面与魏修好，一面命右护军、镇西将军陆逊为大都督，

关羽

统率朱然、潘璋、徐盛、韩当、孙桓等部5万人拒蜀军；令平戎将军步骘领兵万人守益阳（今属湖南），防备武陵（今湖南常德地区）土著部族助蜀。当4万蜀军进攻巫（今四川巫山）、秭归（今属湖北）时，陆逊针对蜀军势盛、求胜心切以及地形对己不利的情况，采取先让一步、集中兵力、相机决战的方略，令守将李异、刘阿率部退至夷陵、猇亭（今湖北宜都北）一带，据守有利地形，将几百里峡谷山地让给刘备，以疲惫蜀军。

次年正月，刘备遣将军吴班、陈式督水军进入夷陵地区。二月，亲率诸将自秭归南渡，经崎岖山道，进至夷陵、夷道（今湖北宜都）一线连营，坐镇猇亭指挥；以黄权为

夷陵之战

镇北将军，督江北诸军至夷陵北，与吴军相拒，兼防魏军袭击；派侍中马良进至武陵郡，争取土著部族支援。当刘备遣前部督张南围孙桓于夷道时，吴众将请派兵救援，陆逊深知孙桓得士众心，夷道城坚粮足，坚持不予分兵。蜀军频繁挑战，吴将又急欲迎击，陆逊说服众将，坚守不出。刘备遂埋伏 8000 蜀兵于山谷，派吴班在平地扎营，企图诱陆逊出战。陆逊识破其计，仍不与战。两军相持达半年之久。

　　蜀军远道出师，速决不成，且营地分散，运输困难，兵疲意懈。时值暑热，刘备将水军移驻陆上，失去主动。闰六月，陆逊认为战机成熟，决定由防御转入反攻。先以火攻破蜀军一营，继令诸军乘势进攻，迫使刘备西退。张南闻讯，亦弃夷道北走，受朱然、孙桓南北夹击，战死。陆逊即令水军封锁江面、孙桓等扼守夷陵道，分割蜀军于大江南北，进而各个击破，火烧连营，克营 40 余。蜀军死伤惨重，将领杜路、刘宁投降，大都督冯习被杀。刘备败退夷陵西北马鞍山，依险据守。陆逊集中兵力，四面围攻，歼蜀军数万。刘备领余部乘夜向西突围，后卫将军傅肜等被吴军斩杀。黄权因归路被吴军截断，率众投魏。刘备收集余部由秭归退回白帝城（今四川奉节东），次年四月病亡。

　　夷陵之战，吴军后退诱敌，击其疲惫，创造了由防御转入反攻的成功战例。此后，蜀汉国力大损，孙吴也有北顾之忧，不得不继续联合抗魏。

[二十五、诸葛亮进军南中]

蜀建兴三年（225），诸葛亮统军平息南中（今云南、贵州及四川西南部）动乱的著名作战。

诸葛亮

建兴元年，益州郡（今云南东部）汉族豪强雍闿乘蜀汉夷陵战败，刘备病亡，背蜀附吴，煽动本郡夷帅孟获、越巂郡（今四川凉山）夷帅高定和牂牁郡（约今贵州）郡守朱褒反蜀。南中除永昌郡（今云南西部一带）外，其余皆反。诸葛亮为实现和抚诸夷、稳定后方的决策，经充分准备，在对雍闿规劝无效的情况下，于三年春进军南中。诸葛亮采纳参军马谡心战为上、兵战为下的建议，分三路进军。门下督马忠率东路军，经僰道（今四川宜宾）趋牂牁郡；楗降都督李恢率中路军，从平夷（今贵州毕节）指向益州郡。诸葛亮率主力西路军，于三月出成都，沿马湖江（今金沙江四川宜宾至金阳一段）入越巂郡，抵卑水（今四川美姑、昭觉邻境一带）待机。高定军与北上拒诸葛亮的雍闿、孟获军发生冲突，击杀雍闿。孟获慑于诸葛亮军威，率部退回益州郡。诸葛亮乘机攻下邛都（今四川西昌），斩杀高定，安抚部众。时马忠部进抵牂牁，朱褒率部西逃，马忠跟踪追击。李恢部击破沿途围阻，南下盘江，助马忠部歼灭朱褒。三路大军对孟获形成进逼之势。五月，诸葛亮挥军渡泸水（今金沙江四川渡口至金阳一段），擒孟获于盘东（今云南曲靖、泸西一带），使观蜀军营阵，孟获不服，乃将其放回。孟获再战再败，诸葛亮擒而复纵。孟获深感诸葛亮不以南中部族为敌，乃心悦诚服，南中遂定。后人因此有诸葛亮"七擒孟获"之说。秋，蜀军会师滇池（今昆明南）。

诸葛亮用当地人为吏，举孟获等首领赴蜀都为官。随即班师，于十二月回成都。

诸葛亮胜利进军南中，巩固了后方，增强了国力，为攻魏创造了条件。其攻心为上的谋略，为千百年来用兵治国者所称道。

[二十六、诸葛亮攻魏之战]

三国时期，蜀诸葛亮为夺取关中，进图中原，在渭水流域多次对魏军进行的进攻作战。

蜀建兴五年（魏太和元年，227）春，诸葛亮统军10万，进驻汉中，图谋攻魏。次年春，诸葛亮按先攻陇右（今甘肃陇山西）、再取秦川（指关中一带）的既定方略，率军出祁山（今甘肃东南部西汉水北岸地区）。天水、南安、安定三郡（约今甘肃东南部、宁夏一部）背魏归蜀。魏明帝震恐，亲至长安（今西安），令大将军曹真统军守郿城（今陕西眉县境）拒赵云，派左将军张郃督步骑5万西拒诸葛亮。当蜀军锐气正盛之时，前锋马谡擅自改变部署，弃城守山，被张郃乘势困败，失要地街亭（今甘肃天水东南，一说张家川北）。诸葛亮因初战受挫，失去前进依托，乃退兵汉中，斩马谡，整饬蜀军。同年十二月，诸葛亮统军数万围陈仓（今陕西宝鸡境），攻城20余日不下，粮尽还师。诸葛亮为孤立祁山魏军，并开辟军资来源，于七年春夺回祁山南武都、阴平二郡。后又派兵西入羌地，和抚羌族。九年春，诸葛亮率军再出祁山。魏大将军司马懿督军迎击。诸葛亮先于上邽（今甘肃天水）击败魏军，抢收小麦，充实军粮后东进，寻机与司马懿决战。司马懿据险坚守。诸葛亮退兵引诱。魏将急躁，率军出击，被诸葛亮战败。诸葛亮欲乘胜进击，中都护李严假传撤军圣旨，只得退军，于木门（今甘肃天水南）设伏杀张郃后，还师汉中。经过三年休养生息，诸葛亮于十二年春，统军10万，与魏军20万对峙于渭水南。诸葛亮数次挑战，司马懿坚壁拒守，欲待蜀军兵疲粮尽再战。诸葛亮识破其谋，遂于渭滨分兵屯田，准备长期较量。两军相持百余日，八月，诸葛亮病亡军中。蜀军还师汉中。

诸葛亮攻魏，俗称"六出祁山"，长达七年之久，虽苦心筹谋，但终因国力不济，粮运艰难，攻强敌于易守之地，以致师劳功微。

[二十七、司马昭围攻寿春之战]

三国后期，司马懿父子执掌魏国朝政后，铲除异己，企图代魏。魏征东大将军诸葛诞拥兵淮南，欲与司马氏对抗。

司马懿

大将军司马昭于魏甘露二年（257）四月，以诸葛诞为司空，召还魏都。诸葛诞识破其调虎离山计，拒不从召，于五月攻杀扬州刺史乐綝，聚10余万众，据守寿春（今安徽寿县），并向吴国求援。六月，司马昭督兵26万，挟魏帝东征，至丘头（今河南沈丘东南），遣军一部围寿春。吴将文钦、全怿等乘围城未合，率兵3万入城助守；吴将朱异领兵3万屯于寿春西南，以为外援。司马昭知寿春城坚粮足，一时难下，乃遣军击败朱异。七月，吴大将军孙綝统兵屯镬里（今安徽巢湖市境），复遣朱异率兵5万援寿春。司马昭遣军再败朱异，另出奇兵尽焚吴军粮秣，迫孙綝退兵。后司马昭佯言撤兵，以麻痹守军，并施反间计，致其内讧迭起，守将全怿等相继出降。次年正月，城内粮尽，文钦劝诸葛诞离城，为诸葛诞所疑，被杀，其二子逾城降魏，守城将士无心再战。司马昭令四面攻城，于二月克寿春，斩诸葛诞，歼灭了忠于曹氏的最后一支力量。

无尽征途：远古至五代战争

第三章　魏晋南北朝

[一、魏灭蜀之战]

魏景元四年（蜀炎兴元年，263），攻蜀的魏军主力于剑阁（今四川剑阁东北）受阻，邓艾出奇兵一举灭蜀的著名作战。

三国后期，吴、蜀渐趋衰落。景元三年，独揽朝政的魏大将军司马昭决意灭蜀，乃大造战船，扬言攻吴，以麻痹蜀国。四年八月，分兵三路攻蜀：征西将军邓艾率军 3 万余人，从狄道（今甘肃临洮）进军，钳制驻守沓中（今甘肃舟曲西北）的大将军姜维所率蜀军主力；雍州刺史诸葛绪率军 3 万余人进逼武都（今甘肃成县西北），断姜维归路；镇西将军钟会率主力 10 余万人，攻取汉中，直趋成都。蜀急派将军廖化率军赴沓中，增援姜维。钟会进至汉中，以一部钳制蜀军，主力攻破关城（今陕西阳平关），长驱南下。姜维得知汉中失守，遂摆脱邓艾和诸葛绪的追阻，由阴平（今甘肃文县西北）南撤，与廖化等会师，据守剑阁。邓艾进至阴平，拟与诸葛绪合军，由江油（今四川江油北）直趋成都。诸葛绪不从，引军东下与钟会合军。钟会欲专军权，反告诸葛绪畏敌不前，将其押回魏都，随即率大军南下，被姜维阻于剑阁，加之粮运不继，准备退军。

邓艾上书建议改变原定计划，以奇兵从阴平小道经江油、涪县（今四川绵阳东），直取成都，如姜维退援涪县，钟会大军即可长驱南下，若姜维固守不动，奇兵亦可取胜。同年冬，邓艾按上述计划，率军自阴平南进，越700余里无人烟的小道，凿山开路，修栈架桥，出其不意，直抵江油，迫守将马邈投降。继破蜀军于绵竹（今四川德阳北），斩卫将军诸葛瞻，进取雒县（今四川广汉北）。蜀都一片混乱，刘禅请降，并令姜维投降钟会。邓艾率军进成都，蜀国灭亡。

四川剑门雄关

[二、晋灭吴之战]

西晋咸宁五年（吴天纪三年，279）十一月至次年三月，晋军多路齐发、水陆并进，灭亡吴国，实现统一的战争。

魏咸熙二年（265），司马炎建立西晋王朝（是为晋武帝），据有原魏、蜀之地。吴国据今长江中、下游及岭南等地区。双方形成对峙，时有攻战。晋武帝司马炎致力于安定内部，稳定政局；同时发展农耕，积聚粮食，富国强兵，作灭吴准备。

泰始五年（269）至咸宁四年（278），晋任命6将分别都督荆、青、徐、扬、豫、益6州诸军事。尚书左仆射羊祜为都督荆州诸军事，镇襄阳（今属湖北襄樊），施计使吴罢黜石城（今湖北钟祥）守备，晋军得以腾出半数戍卒屯田积谷。咸宁四年，度支尚书杜预接替病重的羊祜后，选精兵袭破西陵（今湖北宜昌东南）吴军；又施离间之计，使吴主撤换西陵督张政，削弱其西线守备。

泰始八年，益州刺史王濬以屯田兵及州郡兵万余人造楼船、练水军，在长江上游建成强大水师，为攻吴主力。咸宁五年，晋武帝遣军平定秦、凉一带反晋的鲜卑首领秃发树机能，收复凉州（今甘肃武威），使西北边境恢复安宁，得以全力攻吴。

吴王孙皓凭借长江天险，疏于戒备，拒不采纳陆抗等固守西陵、建平（今重庆巫山北）两地的建议。只于长江三峡险要处置铁锁横断江路，暗沉铁锥于水下，企图阻遏晋水师顺流而下。陆抗死后，吴西线防备愈弱。咸宁二年，羊祜曾献平吴方略：以梁、益二州之兵水陆俱下，荆、楚之众进临江陵（今湖北荆州），平南将军胡奋、豫州刺史王戎直指夏口（今武汉境），徐、扬、青、兖4州兵南下建业，使吴国上下震荡；五年，王、杜预及中书令张华等多次上疏，恳请出兵灭吴，晋武帝遂决定伐吴。

十一月，武帝依照羊祜制定的方略，发兵20余万，自西至东分六路攻吴：王濬及巴东监军唐彬自巴、蜀顺流而下，杜预自襄阳出江陵，王戎出武昌（今湖北鄂州），胡奋出夏口，司马自下出涂中（今安徽滁河流域），王浑自寿春出江西（今和县地区），形成多路攻击，上下游会合之势。六年正月，各路晋军全面进击。王濬水军顺流东下，被吴军所设拦江铁锁、铁锥所阻。王濬造大筏数十先行，带出铁锥；又以火炬置于船前，熔毁铁锁，使水军继续前进。二月初，王濬连克丹阳（今湖北秭归东南）、西陵，继破荆门（今枝城西北）、夷道（今宜都），进逼乐乡（今松滋东北）。

杜预陈兵江陵，扼上游吴军退路，阻中游吴军西援，遣将循长江西进，策应王濬；又遣奇兵800渡江，于巴山（今松滋西北）燃火把，张旗帜，迷惑吴军。王濬部抵乐乡，吴都督孙歆迎战，大败。晋军擒孙歆，克乐乡。二月十七日，杜预攻占江陵。沅（水）、湘（江）以南至交、广（今广东、广西及越南北部）吴属州郡皆望风归晋。此后，王濬部攻克夏口，王戎分兵与王濬合攻武昌，吴武昌诸军投降。至此，长江中、上游战事基本结束。

王濬至西陵后，杜预致书劝其顺流直取建业。晋军西线作战同时，王浑军在东线南下，孙皓令丞相张悌等率众 3 万渡江迎战。晋军至牛渚（今安徽马鞍山西南采石），张悌欲渡江与晋军决一死战。吴军至杨荷（今和县北）北，三冲晋兵不动，晋军乘乱攻之，吴兵大败。张悌及士卒 7800 人被斩，吴国呈崩溃之势。王濬自武昌顺流疾进至牛渚时，王浑、司马两路晋军亦逼近建业，三月十五日，王濬舟师过三山矶（今南京西南），挥师 8 万率先进入建业石头城。孙皓投降，吴亡。自东汉末年分裂数十年的中国复归统一。

此战，西晋经 10 年准备，周密策划，组建强大水军，善择战机，水陆各军配合，战法灵活，直捣吴都，取得中国历史上首次顺长江而下作战的胜利。吴国上下离心，疏于防备，以致节节失败，终被灭亡。

[三、祖逖北伐]

西晋末年，朝廷倾危，各少数族首领乘机起兵反晋。

汉国征东大将军、羯族首领石勒率军进入中原，当地豪强筑坞自守（称坞主）。建兴元年（313），主政的左丞相司马睿（后为东晋元帝）镇守建康（今南京），军咨祭酒祖逖要求领兵北伐，收复失地。司马

石勒称赵王时铸的"丰货"钱

睿无心北进，仅授祖逖奋威将军、豫州刺史，给千人口粮，布 3000 匹，使自行募兵。八月，祖逖率部曲百余家渡江，至中流击楫而誓：不收复中原不回渡。遂至淮阴（今属江苏）铸兵器，募集 2000 余人北上。先屯芦洲（今安徽亳县东），派员至谯城（今安徽亳县，一说河南夏邑北）劝说坞主张平、樊雅归附，未成。祖逖派兵攻之，年余不下，于是诱杀张平，进据太丘（今河南永城西北）。建武元年（317）六月，祖逖求得南中郎将王含和蓬陂（今开封南）坞主陈川的援助，说降樊雅，据谯城，并解除石勒部将石虎对该城的围困。大兴二年（319）四月，

陈川怀疑祖逖分化其部众，投奔石勒。五月，祖逖攻陈川，被石虎 5 万援军击败，退回淮南。石虎留部将桃豹守蓬陂，住西台。十月，祖逖遣督护陈超进击桃豹失利。三年六月，复派部将韩潜据蓬陂东台，与桃豹相持 40 日。后以计使桃豹误认为晋军粮足，又截获其粮秣，迫其宵遁。韩潜进屯封丘（今属河南），祖逖镇雍丘（今河南杞县），数次遣兵拦击已称赵（史称后赵）王的石勒所部，后赵守卒归附者甚多。他还曾劝说坞主和解，受其统辖。后又准许有人质在后赵的坞主保持"两面"关系。河水（黄河）以南坞主多弃后赵归晋。祖逖练兵积谷，准备进取河北。但晋元帝却于四年七月以尚书仆射戴渊充任都督六州诸军事，统辖逖部。祖逖深感北伐难成，忧愤成疾，于同年九月逝世。次年十月，后赵军乘机又入河南，祖逖北伐所克之地复失。

[四、桓温灭成汉之战]

东晋永和二年（成汉嘉宁元年，346）十月，左右朝政的安西将军、荆州刺史桓温欲乘成汉主李势继位不久、臣民不附、不修战备之机，发兵攻汉。

将佐顾虑后赵南下，以为不可。江夏相袁乔认为，方略大事不必待众议一致而后决；且江防已固，汉比赵弱，宜先取汉。桓温采纳其议，于十一月率益州刺史周抚等西征成汉，以袁乔领 2000 人为前锋。三年二月，至青衣（今四川青神）。

魏晋时期驿吏

李势派叔父李福、从兄李权及昝坚等将率众自山阳（今四川彭山东）赴合水（今四川乐山东南）拒晋军。昝坚却自行引兵渡向犍为（今四川宜宾西北）。三月，桓温至彭模（今四川彭山），集全军为一路，带三日粮，轻装直趋成都。路遇李权军，三战三捷，汉将李位都投降。昝坚闻讯率部还救，得悉晋军距成都仅十里，部众惧而溃散。李势全军出战，晋军前锋受挫，参军龚护战死，众惧欲退。而鼓吏误鸣鼓进击，袁乔拔剑督士卒奋击，扭转战局，大破汉军。晋军乘胜入成都，李势逃而后降，受到宽待。桓温令周抚镇守彭模，自率师返江陵（今属湖北）。周抚经两年尽歼汉军残部，蜀地全归东晋。

[五、前燕攻后赵之战]

十六国时期，前燕、后赵互图兼并，攻战多年。

前燕慕容儁元年（后赵太宁元年，349），后赵主石虎死，诸子争立，互相残杀。燕王儁采纳众议，决计乘机攻赵，夺取中原；并约前凉王张重华出兵相助。次年二月，燕以精兵20余万分三路进军：前锋都督、建锋将军慕容霸（后改名垂）率兵2万自东道出徒河（今辽宁凌海市西北）；部将慕舆于自西道出蠮蝓塞（今居庸关）；燕王自中道出卢龙塞（今喜峰口），以辅国将军慕容恪等为前锋。东路军至三陉（今河北抚宁北），后赵征东将军邓恒惶恐，焚仓库，弃乐安（今河北乐亭东北），奔蓟（今北京），又退保鲁口（今河北饶阳南）。三月，燕军克蓟、范阳（今河北涿州市），尽收幽州诸郡，遂迁都于蓟。接着，燕王率军进击鲁口，至清梁（今河北清苑西南）时，邓恒部将鹿勃早领数千人夜袭燕营，慕容霸等奋起抗击，鹿勃早军败走。燕王见后赵尚有精兵，一时难以尽歼，遂收兵还蓟。九月，燕王又率军南下冀州，取章武（今河北大城）、河间（今河北献县东南）等地，留将守卫而还。

居庸关

［六、廉台之战］

十六国时期，前燕击灭冉魏的决战。

前燕攻后赵占据幽州（治今北京）后，又图南攻冀州（治今河北衡水冀州区），以夺取中原。其时冉闵已灭后赵称帝，国号大魏（史称冉魏），攻克襄国（今河北邢台西南），正游食于冀州之常山（今河北正定西南）、中山（今河北定县）诸郡，欲向北扩展。前燕元玺元年（冉魏永兴三年352）四月，燕王慕容儁命辅国将军慕容恪等率军攻魏。冉闵不顾兵少粮缺，决心迎战，屯于安喜（今河北定县东）。燕军跟至，冉闵引兵向常山，慕容恪率军追击，至魏昌之廉台（今河北无极东），与魏军十战皆败。冉闵素有勇名，兵皆精锐，燕军怯战。慕容恪认为冉闵勇而无谋，士卒饥疲，不难击败，遂巡视战阵，激励将士再战。冉闵因所属多步卒而燕皆骑兵，率部将入丛林以利作战。慕容恪接受参军高开建议，以轻骑邀击，诱魏军还至平地，并分燕军为三部：自率中军，选鲜卑善射者5000人，以铁锁链连其马为方阵而前；另两部置于侧翼，犄角以待。冉闵恃勇轻敌，率众直冲燕中军，遭两侧燕骑夹击，大败，陷入重围，终因寡不敌众，被擒。燕军乘胜进击，至八月攻克魏都邺（今河北临漳西南），冉魏亡。

［七、桓温攻前燕之战］

东晋太和四年（前燕建熙十年，369）四月，大司马桓温乘燕太宰慕容恪死，前燕主慕容暐尚弱，内部不稳之机，率步骑5万自姑孰（今安徽当涂）北上攻燕。

六月至金乡（今属山东），天旱，水道断绝，遂开渠道300余里，引汶水会于清水，以通舟运，自率部乘舟从清水入河（黄河），逆流而进。参军郗超提出，由清水入河，难以通运，不如直取燕都邺（今河北临漳西南），或屯兵控制河运，待物资储备充足再攻。桓温皆不纳，而遣部将檀玄等在湖陆（今山东鱼台东南）、黄墟（今河南杞县东北）、林渚（今河南新郑北）先后击败燕军。七月，桓温进至枋头（今河南浚县西南），徘徊河岸不进，欲以持久疲惫燕军，坐获全胜。燕主一面接受车骑大将军慕容垂的请求，令其率众5万迎战东晋军，一面派员求前秦出兵来救。九月，桓温因始终未能打通石门（今河南荥阳北）水运，粮道被断，与燕数战不利，军粮竭尽，又闻前秦兵将至，遂焚舟弃甲，自陆道急退700余里。后被燕军前堵后追，夹击于襄邑（今河南睢县）东涧中，死3万人，又被秦军拦击于谯（今安徽亳县），死者上万人。十月，桓温收散卒退至山阳（今江苏淮安），攻燕终于失败。

[八、前秦灭前燕之战]

前燕慕容暐即帝位后，统治集团内部矛盾逐渐加剧。前秦建元五年（前燕建熙十年，369）十一月，燕国吴王慕容垂恐被太傅慕容评谋害，逃奔至秦。

前秦主苻坚，早有灭燕之心，遂趁机以燕不实现割虎牢（今河南荥阳西北）

前秦灭前燕之战

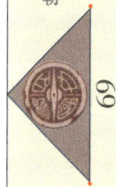

以西之地入秦的诺言为由，派辅国将军王猛率兵攻燕。次年正月迫使洛阳守将投降，留军驻守后还师。六月，苻坚面授方略，命王猛领步骑 6 万再次击燕。八月，克壶关（今山西长治北）；九月，取晋阳（今山西太原西南）。慕容评率军 30万拒秦，因畏惧王猛而不敢进，屯于潞川（今山西潞城北）。十月，王猛进兵与燕军相持。慕容评认为秦军孤军深入，利在速战，欲以持久固守取胜。王猛知慕容评性贪，霸占山泉，卖水鬻薪，丧失人心，士无斗志，即遣部将郭庆率骑 5000从间道夜袭燕军后营，烧其辎重。燕主遣使责备慕容评并令其速战。王猛在阵前誓师，激励将士杀敌立功。秦兵破釜弃粮，大呼竞进。燕军惨败，被歼 15 万余人，慕容评单骑逃往前燕都城邺（今河北临漳西南）。秦军进而围邺。十一月，苻坚率精兵 10 万至邺督战，迅克该城。慕容暐出奔被俘，前燕亡。

[九、淝水之战]

　　东晋太元八年（前秦建元十九年，383），东晋在淝水（今安徽瓦埠湖一带）击败前秦进攻的战役。

　　前秦主苻坚统一北方后，欲进而兼并东晋。先后占据东晋梁（治所在今陕西汉中）、益（治所在今成都）两州及襄阳（今湖北襄樊）、彭城（今江苏徐州）等地，与东晋隔淮水对峙。苻坚不顾多数大臣的反对，于东晋太元八年七月下诏入举伐晋。八月，苻坚自长安（今西安西北）出发，统前秦步卒 60 余万、骑兵 27 万分道南下。九月，征南大将军苻融率前军 30 万先至颍口（今安徽颍河入淮河口）。

　　东晋宰相谢安得知前秦军南下，在荆州和淮南两个方向部署防御。以谢石为征讨大都督，谢玄为前锋都督，率水陆军 8 万，开赴淮水一带抵抗，并命龙骧将军胡彬率水军 5000 增援寿阳（今安徽寿县）。

　　十月，苻融部攻陷寿阳。胡彬退守淮南屏障硖石（今凤台西南淮河两岸）。苻融一面攻硖石，一面命卫将军梁成率众 5 万屯于洛涧（即洛水，今淮南市东），并于洛涧入淮处设木栅，阻遏东晋援军。谢石、谢玄率东晋军至洛涧以东25里处，因畏秦军而不敢进。胡彬部孤立无援，难以持久。苻坚得知晋军力量薄弱，自率轻骑赶至寿阳，命被俘的晋将朱序前往劝降。朱序心向晋室，将秦军情况密告谢石，并建议趁前秦军大军未集，速击败其前锋。

十一月，谢玄遣鹰扬将军刘牢之率精兵5000夜渡洛涧，攻前秦军梁成大营。梁成等将领战死，前秦兵损失1.5万人。兵力处于劣势的东晋军首战告捷，士气大振，遂水陆兼程，直逼淝水东岸。苻坚登寿阳城，见对岸晋军布阵严整，又望东北八公山上草木，以为皆是晋军，面有惧色。两军遂隔淝水对峙。

谢玄见前秦军临淝水布阵，派人请求前秦军略向后撤，以便晋军渡水决战。前秦诸将主张扼守淝水，阻挡晋军。苻坚则主张待东晋军半渡时击之，苻融遂下令稍退。不料前秦军一退便出现混乱，朱序乘机在阵后大呼秦兵败了。前秦军军心动摇，竞相奔逃。谢玄、谢琰抓住战机，率精兵8000渡淝水击之。苻融欲阻止前秦军后退，马倒，死于乱军之中。前秦军大溃，自相践踏。谢玄等乘胜追击至青冈（今寿县西30里处）。苻坚中流矢，逃往淮北。溃兵沿途闻风声鹤唳，

淝水之战战场遗址——八公山

淝水之战

皆以为东晋兵追至，昼夜不敢停息。东晋军收复寿阳，稳定了淮河防线。苻坚收集离散士卒，回到洛阳，仅剩十余万人。

此战是东晋、十六国时期南北之间一次大规模战争。苻坚无视前秦内部不稳，恃众轻敌，以"投鞭断流"的骄狂，急于决战，导致大败。东晋面临强敌，顽强抵抗，并视情及时改变策略，在前秦军后续兵力未抵淝水前，抓住时机决战，终获全胜，创造了中国战争史上以少胜多的著名战例。

[十、参合陂之战]

北魏登国十年（后燕建兴十年，395年），北魏军在参合陂（今内蒙古凉城东北）击败后燕军的作战。

北魏建国后，势力逐渐强大，欲摆脱后燕的控制。后燕缺乏战马，屡求于魏，

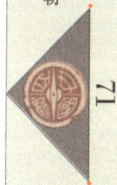

甚至为求良马扣留了魏使。于是，魏与后燕绝交，转而与西燕联合；后燕故欲以武力征服北魏。后燕建兴九年，后燕主慕容垂出兵击灭西燕。次年五月，命太子慕容宝、辽西王慕容农、赵王慕容麟等领兵8万，自五原（今山西寿阳北）攻魏。又遣范阳王慕容德、陈留王慕容绍率步骑1.8万为后援。七月，燕军至魏地五原（今内蒙古包头西北），掠取了大量粮食，但找不到魏军主力，遂进军至河水（黄河）边，赶造船只，准备南渡。

面对燕军的进攻，魏王拓跋珪采纳长史张衮示弱骄敌而后克之计，从盛乐（今内蒙古和林格尔北）西撤，渡过河水，将部落和20多万骑兵转移至千余里外远避。同时派右司马许谦往后秦求援。八月，魏集结军队于河水以南；九月，进至河边。魏王在燕军进至五原后，派兵截获来往于五原、燕都中山（今河北定县）的燕国信使，使慕容宝等数月得不到都城音讯；在得知慕容垂正生病的消息后，又令所执燕使隔河向燕军假传慕容垂已死。慕容宝等闻讯忧恐，军心动荡，因而不敢南渡与魏军决战。此时，魏王命陈留公拓跋虔率5万骑、东平公拓跋仪领10万骑分别屯于今河套一带；略阳公拓跋遵率7万骑截燕军南归之路。再加后秦也遣其将领杨佛嵩引兵救魏，魏势益盛。两军隔河相持数十天。慕容麟部将慕舆嵩等以为慕容垂真死，谋奉慕容麟为燕主，事泄被杀，军心益乱。燕军自五月出兵至十月，未能与魏军决战，师劳兵疲，士气低落。慕容宝遂于十月二十五日夜焚船撤退。他以为魏兵不能渡河，故未派兵留后侦察。十一月初三，天气骤冷，河水结冰，魏王即率兵渡河，留下辎重，选精骑2万余，尾追燕军。

燕军至参合陂，大风从军后盖顶而来。沙门支昙猛向慕容宝建议：风暴迅猛，魏兵可能趁机前来，须加强防备。慕容德也从中劝说。慕容宝遂遣慕容麟率骑3万殿后掩护。但慕容麟不信支昙猛之言，纵骑游猎，不加戒备。慕容宝又派骑兵刺探魏军行踪，但侦骑只行十余里，即解鞍寝歇。魏军昼夜兼程，于十一月初九黄昏抵参合陂西。此时燕军安营于陂东河边。魏王连夜部署，令士卒衔枚并束马口潜进。十日晨，魏军登山，下临燕营。燕军正准备东归，忽见魏军，顿时惊乱。魏王纵兵奋击，燕军争相渡河逃命，人马相践踏，压溺死者数以万计。拓跋遵率兵在前截击，燕军纷纷弃械投降，仅慕容宝等数千骑逃脱。魏军对被俘的四五万燕军，除选用数名燕臣外，其余皆坑杀。

此战，北魏针对燕军恃强轻敌的心理，采取示弱远避、待疲而打的后发制人方针，对退敌勇猛追击，终获全胜。从此改变了两国力量的对比，后燕日渐衰落，北魏势力进入中原。

[十一、刘裕灭南燕之战]

东晋义熙五年（南燕太上五年，409）四月至次年二月，中军将军、录尚书事刘裕率东晋军攻占燕都广固（今山东益都西北），灭亡南燕的战争。

东晋元兴三年（404），刘裕率兵击败反晋称帝的桓玄，掌握了东晋朝政。此后，南燕主慕容超屡次派兵南下袭扰淮北，刘裕为维护东晋王朝的统治，率兵进攻南燕。

义熙五年四月，刘裕自建康（今南京）出发，率军乘船经淮水入泗水。五月，抵下邳（今江苏邳州市西南），留下舰船、辎重，步行至琅邪（今山东临沂北）。所过皆筑城，留兵守卫，以防燕军袭后。这时有人劝刘裕不宜深入，认为燕得悉晋大军远出，必将扼守大岘（今山东沂山穆陵关）之险，或以坚壁清野断绝晋军粮资，故此行难以成功，且有全军覆没的危险。刘裕认为：慕容超等性贪婪，无深谋远虑，必不能守险清野。慕容超闻晋师将至，召集朝臣商议。征虏将军公孙五楼等极力主张遣兵固守地势险要的大岘，不与速战，以疲晋军；然后选派2000精骑沿海南行，断其粮道；再以驻梁父（今徂徕山南）一带之师，沿山东下，侧击晋军。慕容超认为燕国富兵强，无须示弱，决定引晋兵入岘，然后以优势骑兵迎战。于是将莒县、梁父的守军撤回，修筑城池，整顿兵马，以待晋军。晋军不战而过大岘，刘裕大喜说：师已过险，将士必有死战之志，粮食遍野，军无匮乏之忧，此战必胜无疑。六月，慕容超命公孙五楼等率步骑5万进屯临朐（今属山

刘裕灭南燕之战

东）；后闻晋军入岘，又自率步骑4万继后。临朐南有巨蔑水（今弥河），慕容
超令公孙五楼等前往占领，控制水源。及至，为晋前锋孟龙符所败。晋军将战车
4000辆分为左右翼，配以轻骑作为游军，乘胜前进，与燕军主力在临朐南激战良久，
未分胜负。刘裕接受参军胡藩出奇制胜的建议，遣胡藩等引兵潜行绕至燕军阵后，
声言由海道至此。慕容超大惊，晋军趁势攻占临朐。

慕容超逃还广固，晋兵追至，攻破外城。慕容超集众固守内城，先后派尚书
郎张纲、尚书令韩范到后秦求援。刘裕督兵挖堑三层，筑高三丈的长围以困燕军，
同时抚纳降附。闻张纲善制攻具，七月，命人在途中截获，并让其绕城大呼：夏
王赫连勃勃已破秦军，无兵救援。城中兵民惊恐。当时江南每发兵北上增援，或
遣使至广固，刘裕皆在夜间遣兵往迎，天明则张旗鸣鼓而至，以示援兵众多。执
兵器背粮食归晋的北方民众日以千计。慕容超等久被围困，见救兵无望，张纲被俘，
于是请和，愿割大岘以南之地，称藩于晋，遭到拒绝。后秦主姚兴遣使向刘裕传
话：秦已遣铁骑10万屯洛阳，若晋军不退，当长驱而进。刘裕识破其为虚声恫吓，

便斥退秦使。为进一步瓦解南燕军心，于九月招降韩范，令其环城而行，燕军更加沮丧。十月，张纲制成各种攻城器具，覆盖牛皮，使燕军的矢石难以生效。六年二月，刘裕督众四面急攻，燕尚书悦寿开城门纳晋师。慕容超突围被俘，南燕亡。

此战，刘裕善于料敌，利用敌之失误，扬长避短，以战车阻燕军精骑；并将军事进攻与攻心相配合，稳扎稳打，掌握主动，终获全胜。

[十二、刘裕灭后秦之战]

东晋义熙十二年（后秦永和元年，416）八月至次年八月，太尉刘裕率东晋军攻克长安（今西安西北）灭亡后秦的战争。

东晋灭南燕后，北部邻国有北魏和后秦。魏连年灾荒，北有柔然威胁，无力南进。义熙十二年二月，后秦主姚兴病亡，子姚泓立，兄弟相杀，关中骚乱，西秦扰于西，夏袭于北。刘裕欲代晋，在巩固其朝内地位后，谋立威于外，于是向后秦发动战争。

八月，刘裕率大军从建康（今南京）出发，兵分五路，水陆并进，拟先攻洛阳，后图关中。命龙骧将军王镇恶、冠军将军檀道济率步军白淮水一带向许昌

宋武帝刘裕

（今属河南）、洛阳方向进攻；建武将军沈林子等率水军自汴水溯河水（黄河）西进；冀州刺史王仲德督前锋诸军，率水军由彭城（今江苏徐州）经泗水开巨野泽入河水；新野太守朱超石等，率军由襄阳（今属湖北）趋阳城（今河南登封东南）；振武将军沈田子、建威将军傅弘之率军由襄阳挺进武关（今陕西商南城南）。面临晋军的进攻，后秦被迫采取北拒夏、东挡晋的两面防御作战对策。九月，刘裕至彭城督师。各路晋军迅速向前推进，发展顺利。后秦征南将军姚洸镇守洛阳，见晋军压境，向长安求救。十月中旬，檀道济军进逼洛阳，迫姚洸出降，俘 4000

余人，尽予释放。秦民感悦，归附甚众。后秦援军闻洛阳已陷，不敢东进。王镇恶等见有隙可乘，不等大军到达，乘胜西进。十三年三月，攻克潼关（今陕西潼关东北）。后秦大将军姚绍退守定城（在潼关西三十里处），据险抵抗。两军相持于潼关以西。

刘裕灭后秦之战

溯河水而上的晋军，须通过魏境，刘裕采用军事与外交相结合的手段，得以假道西进。四月，刘裕抵洛阳；七月，至陕县（今属河南），确定自率主力由潼关进攻长安，遣沈田子、傅弘之率部由武关配合夹击。八月，刘裕至潼关，派朱超石等北渡河水攻蒲阪（今山西永济西），掩护主力翼侧。后秦主姚泓欲亲率大军迎击刘裕军，因恐沈田子袭其后，决定先击沈军，遂率步骑数万至青泥（今陕西蓝田）。沈军仅千余人，傅弘之以众寡悬殊为由，劝阻出战。沈田子认为兵贵用奇，于是乘秦军营阵未立，即率部出击，傅弘之跟进。秦军围沈部数层，沈田子激励士卒奋战，歼秦军万余人，姚泓败奔霸上（在长安东）。关中郡县，纷纷附晋。沈军的胜利，有力地策应了主力的西进。但攻蒲阪的朱超石军失利，退回潼关。刘裕依王镇恶的建议，令他率水军溯渭水直趋长安。这时，姚绍病逝，代守定城的东平公姚赞，恐侧背受威胁，退守郑县（今陕西华县）。刘裕挥军逼进，王镇恶率军乘蒙冲小舰，进至渭桥（在长安北），弃舟登岸，击败秦将姚丕。姚泓率兵来救，不战而溃。王镇恶军攻入长安。八月二十四，姚泓被迫投降，后秦亡。

此战，刘裕善择战机，部署周密，军事政治处置得当；攻长安时以偏师入武关，派水军溯渭水西进，配合主力，水陆夹击，终获胜利。

[十三、魏破柔然之战]

北魏神䴥二年（429），北魏军远程奔袭漠北，大破柔然汗国的一次战争。

十六国后期，北魏主为了统一北方，柔然可汗为了掠夺魏境的粮食、物资和称雄大漠南北，双方连年攻战。北魏始光元年（424）秋，柔然牟汗纥升盖可汗（大檀）闻魏明元帝拓跋嗣去世，率6万骑攻入北魏的云中（今内蒙古托克托东北），重重包围魏太武帝拓跋焘军，后因大将於陟斤被魏军射死，方引军退去。

神䴥二年四月，拓跋焘为了摆脱柔然与南朝刘宋两面夹击的威胁，并雪云中被围之耻，决心集中力量打击柔然。魏公卿大臣均竭力劝阻，惟太常卿崔浩认为：若不先摧柔然，听任骚扰，南朝军队趁机来攻，必然腹背受敌，故应抓紧时机，分道奔袭，出其不意，一举破灭。拓跋焘赞赏他的意见，遂决定留太尉长孙嵩、卫尉楼伏连镇守京师平城（今山西大同东北）；命司徒长孙翰领兵由西道，自率军由东道，兵分两路，越过戈壁，合击柔然可汗庭（在今蒙古人民共和国哈尔和林西北）。五月，拓跋焘领军至漠南，舍弃辎重，率轻骑兼程奔袭，直逼栗水（今蒙古人民共和国克鲁伦河）。大檀无备，临战震怖，忙焚庐舍西遁。聚居在草原上的部落也惊惧逃散，牲畜丧失无数。大檀弟匹黎先在东部闻魏军至，率兵救援，途中遭长孙翰骑兵袭击而败，其渠帅数百人被杀。六月，拓跋焘领军循栗水西进至兔园水（今蒙古人民共和国土拉河），分兵搜讨，东至瀚海（今蒙古人民共和国南部和中国内蒙古北部），西接张掖水，北度燕然山（今蒙古人民共和国杭爱山），俘斩甚众。高车诸部趁机倒戈，抄掠柔然，归附北魏。柔然及高车诸部前后降魏者计30余万落，魏军缴获马匹百余万，及大批车辆、兵器、畜产等物资。大檀因遭惨败，愤悒病死。七月，拓跋焘引兵东还。八月，又遣万骑袭巳尼陂（今贝加尔湖西北），东部高车降魏者数十万落。十月，北魏徙柔然、高车降附之民至漠南耕牧，并命平阳王长孙翰、尚书令刘絜、左仆射安原、侍中古弼共同镇抚。

北魏军远程奔袭，出奇制胜，大破柔然，威服高车，为统一北方创造了有利条件。

[十四、钟离之战]

南朝梁天监六年（北魏正始四年，507），梁军在钟离（今安徽凤阳东北）战胜北魏军的防御作战。

天监二年，北魏发动兼并南梁的战争。钟离位于淮水南岸，池深城坚，易守难攻，是梁军保卫京都建康（今南京）的前线重镇，也是魏军南攻拟先夺占的目标。三年，北魏任城王拓跋澄率众攻钟离，因淮水暴涨，未战而退驻寿阳（今安徽寿县）。五年九月，梁武帝为做好抗击魏军进攻的准备，命徐州刺史昌义之率3000人进屯钟离。十月，魏主命镇南将军、中山王元英率众围攻钟离。十一月，梁武帝命右卫将军曹景宗领兵20万自建康进屯道人洲（今安徽凤阳东北淮水中），以加强钟离的防御。

六年春，元英以数十万大军攻钟离，令平东将军杨大眼率部据淮水北岸接应，同时命镇东将军萧宝寅领兵在邵阳洲（位道人洲西）两岸架桥树栅，以通粮运。魏军以土填堑，用冲车撞钟离城墙，昼夜轮番攻击未克。此时魏主下诏，命元英撤军，元英请求宽延时日，执意不撤。梁武帝为增援钟离，又派豫州刺史韦叡领兵自合肥北上。曹、韦两军进至邵阳洲，韦叡率众在曹景宗营前20里处趁夜掘长堑、树鹿角，截洲筑城。次日拂晓营立，元英等见后大惊。曹景宗又派人潜水入钟离送信，使城内守军勇气倍增。是时，杨大眼领万余骑来攻，韦叡结车为阵，以强弩2000齐发，杀伤魏军甚众，杨大眼亦

钟离之战

中箭退走。元英等继续攻击，昼夜不绝，仍未克。梁军随即发起反攻，曹部攻邵阳洲北桥，韦部攻南桥。韦叡趁淮水陡涨之际，将小船载上干草，灌入膏油，点燃后用以焚桥；同时，派敢死之士拔栅砍桥。梁军奋勇冲杀，呼声动地，顿时魏军大溃，争相逃走，溺死、被杀各 10 余万人。元英单骑逃往梁城（今安徽寿县东），杨大眼亦烧营撤退。梁军乘胜追击，直至涣水（今安徽固镇东南），又俘 5 万余人。

此战，梁军各部配合密切，上下齐心，并针对魏军不习水战的弱点，坚守疲敌，适时反攻。终获大胜。

[十五、韩陵之战]

北魏普泰二年（532），尔朱氏集团与高欢集团为控制北魏朝政，互相争夺，在韩陵（今河南安阳东北）地区进行的战争。

北魏永安三年（530）九月，魏孝庄帝因大丞相尔朱荣杀了胡太后等人，而将其诱杀。十二月，尔朱荣侄子、北魏天柱大将军尔朱兆攻入洛阳，俘杀孝庄帝，立元恭为帝（即节闵帝）。其后，尔朱氏集团操纵了北魏朝政。晋州刺史高欢欲取而代之，遂于普泰元年，乘奉命带领长城边关六镇流民 10 万余人，往太行、常山以东（今河北一带）地区就食的机会，拉拢信都（今河北衡水市冀州区）等地区的大族，起兵讨尔朱氏集团。十月，当尔朱氏集团分路来攻时，高欢施计离间，使徐州刺史尔朱仲远不战而退，遂乘机于广阿（今河北隆尧县境）击败尔朱兆所率 10 万步骑的进攻，俘 5000 余人。二年一月，又攻下邺（今河北临漳西南）。

当尔朱集团互相猜疑时，北魏大将军尔朱世隆劝说骠骑大将军尔朱天光等人，要以宗族利益为重，一致对付高欢，从而该集团内部暂时复归于好。闰三月，尔朱天光自长安（今西安西北），尔朱兆自晋阳（今太原西南），尔朱仲远自东郡（今河南滑县东），大将军尔朱度律自洛阳，分别率军至洹水（今河南安阳河）两岸布阵，众号 20 万。二十六日，尔朱兆率轻骑 3000 夜袭邺，不克退走。面临尔朱大军压境，高欢认为，尔朱氏貌合神离，部众临时凑集，兵力分散，不难击破。

二十八日，他以不满 3 万的步兵和不足 2000 的骑兵，在韩陵布设圆阵，并连接牛驴，阻塞归路，促使将士以必死之心奋战。高欢令司徒高敖曹领左军，堂弟高岳率右军，自率中军出击。初时中军作战失利，尔朱兆率部乘势猛攻。高岳领 500 骑抗击，部将斛律敦率部卒袭其后背，高敖曹以千骑横击，尔朱兆军大败，部将贺拔胜和徐州刺史杜德投降，其余尔朱军溃逃。尔朱兆还晋阳，后自杀。尔朱仲远南投梁朝，尔朱世隆、尔朱天光等相继被擒杀，所部投降。至此，尔朱氏势力尽被消灭。四月，高欢入洛阳，立元脩为帝（孝武帝），自任大丞相、柱国大将军，掌握了北魏实权。

[十六、东西魏潼关之战]

南北朝时，东魏天平元年（534）至四年（西魏大统三年），东西魏军在潼关（今潼关东北）地区进行的多次作战。北魏分裂为东、西魏后，征战不息。

东魏天平元年十月，西魏丞相宇文泰率军夺潼关，斩东魏守将薛瑜，虏其众7000 人。二年正月，东魏大行台尚书司马子如率大都督窦泰等攻潼关。时宇文泰率军屯霸上，司马子如等回军自蒲津（今陕西大荔东）夜渡黄河，攻华州（今陕西大荔），未克退走。三年，关中大荒。东魏丞相高欢欲乘西魏遭灾之际，兴师将其击灭。遂于十二月发兵 10 余万，分三路进击长安（今西安西北），以司徒高敖曹领军攻上洛（今陕西商县），窦泰率众趋潼关，自率士卒进屯蒲坂（今山西永济西）。四年正月，高欢军在黄河架设三座浮桥，欲渡河攻渭北（今陕西渭河北）。这时，宇文泰驻军广阳（今陕西临潼北），即召集部将商讨对策。宇文泰认为，东魏军架桥示渡，旨在使窦泰西进；高欢用兵，常以窦泰为前锋，其士卒精锐，屡胜而骄，若出其不意先击溃窦泰，可使高欢军不战而退。诸将则认为远袭窦泰，不如分兵三路抵御。宇文泰回到长安，又征询直事郎中宇文深的意见，

华山

宇文深建议出奇兵潜出小关（古潼关南侧），诱窦泰军出战，乘高欢持重增援不及之际，速歼窦泰军，再回师击高欢，可获全胜。宇文泰欣然采纳。于是一面声言退保陇右（指陇山以西），以迷惑对方，一面率众自长安出马牧泽（今陕西华山北麓），秘密东出，于正月十七到达小关。窦泰突然得悉西魏军逼近，便依山设阵，仓皇部署，但阵势未立，即遭袭击，大败。窦泰自杀，所部被俘万余人。高欢知窦泰军败，借口黄河冰薄，难以赴救，遂撤桥退军。高敖曹亦从上洛一线撤回。此战，西魏一举获胜，从此逐步由弱变强。

[十七、沙苑之战]

南北朝时，西魏大统三年（东魏天平四年，537）十月，西魏军在沙苑（今陕西大荔南）地区大败东魏军的伏击战。

东魏丞相高欢乘西魏丞相宇文泰攻占恒农（今河南三门峡）之际，为雪潼关战败之耻，亲率 20 万大军进攻西魏。天平四年闰九月，高欢军自壶口（今山西

吉县西）经蒲津（今陕西大荔东）渡黄河，过洛水，进屯许原（今陕西大荔南）西，直指长安。宇文泰在东魏大军压境时，亲率近万人自恒农回师渭水南，征诸州兵迎战。为阻止东魏军逼近长安，乘其远来新至，不待州兵齐集，即令部卒在渭水架设浮桥，携带三日粮秣，轻骑渡渭。十月初一，进至沙苑，与东魏军仅距 60 里。这时，宇文泰一面派部将达奚武领数骑侦察，一面与诸将商议，决定在沙苑以东 10 里苇深土泞的渭曲设伏。以部将赵贵、李弼分置左右，背水列阵以待。次日午后，东魏军果然进入伏击区，见西魏军少，未等列阵便争相进攻。宇文泰当即下令出击，伏兵骤

陕西大荔皮影武将

起，奋力冲杀。骠骑大将军于谨领六军配合作战，李弼率铁骑横击，大破东魏军，歼 8 万人，余皆溃散。高欢仅率数骑逃脱。此战，西魏军判断准确，根据地形特点，从容设伏，获得了以少胜多的战果。

［十八、北齐攻梁之战］

南北朝时，北齐天保六年（梁绍泰元年，555）至七年，北齐军两次进攻梁都建康（今南京）的战争。

天保六年九月，梁征西大将军陈霸先，因骠骑大将军王僧辩屈从北齐迎立贞阳侯萧渊明为帝，遂缢杀了王僧辩父子。十月，复立晋安王萧方智为帝（梁敬帝）。王僧辩外甥的从兄、谯秦二州刺史徐嗣徽举州降北齐，并密结南豫州刺史任约，率精兵 5000 乘虚袭建康。徐嗣徽军据石头城（今南京城西），前锋进逼台城（今南京玄武湖南），被梁将侯安都率 300 甲士击败，退还石头城，与梁军相持。十一月，北齐派兵 5000 渡江占据姑孰（今安徽当涂）策应徐嗣徽，又派淮州刺史柳达摩

陈霸先

等率军万人从胡墅（今南京长江北岸）向石头城运送粮食、马匹。

面对北齐军的进攻，陈霸先采纳部将韦载断齐军粮运的建议，派侯安都夜袭胡墅，烧齐船千余艘。韦载又于大航（今南京镇淮桥东）筑垒，仁威将军周铁虎于板桥浦破齐水军，尽获船舰，切断了齐军粮运。接着，陈霸先于冶城（今南京朝天宫一带）连舟为桥，领军渡秦淮河，猛攻北齐在石头城仓城门、秦淮河南所立二栅，大败守军。继而挥师围攻石头城，并派兵据守江宁（今南京西南）险要，阻滞并击败北齐援军。石头城里饮水困难，柳达摩派人请和于陈霸先。梁亦因平侯景之乱不久，国势不振，无力再战，于是允和。北齐军北归。

七年三月，北齐背约再次攻梁，遣仪同三司萧轨等与徐嗣徽合兵10万出栅口（今安徽含山境），向梁山（今安徽当涂西南）进攻，被梁将黄丛率部击败，退至芜湖。这时，陈霸先遣部将沈泰、侯安都等领军据梁山加强防御，并以轻兵袭北齐之历阳（今安徽和县），俘万余人。五月，齐军自芜湖发兵攻丹阳（今当涂东北），徐嗣徽列舰于青墩（今当涂西南），均被梁军击败。六月，北齐军先后从钟山（今南京紫金山）、幕府山（今南京北）进攻建康，遭到梁军抵抗。加之粮运被截，冲要被断，处境危困，遂翻越钟山，到达玄武湖西北，

北齐出行图壁画（局部）

占据北郊坛（今南京九华山南）。梁军亦进至坛北，与北齐军对峙。时值连日大雨，北齐将士困于泥水中，饥疲难忍。陈霸先乘机率众反攻，侯安都又自白下（今南京金川门外）截击，大败北齐军，斩获数千人，擒杀徐嗣徽，俘萧轨等将领46人，士卒溺水、践踏致死者甚众。此战，北齐军兵力分散，亦无统筹谋划，粮运又不断被阻，以致败北。梁军则适时集中兵力，攻守交替，各个击破，终获胜利。

第四章　隋唐五代十国

[一、隋反击突厥之战]

南北朝末期，地处漠北的突厥游牧汗国势力强盛。隋开皇元年（581），杨坚取代北周建立隋朝后，突厥沙钵略可汗（名摄图）怨隋待其礼薄，借口为其妻千金公主的北周皇室复仇，与前北齐营州刺史高宝宁合兵攻隋。隋文帝杨坚调兵加强守备；同时采纳奉车都尉长孙晟的谋略，远交近攻，离强合弱，分化削弱突厥。

次年五月，沙钵略尽起本部兵及阿波等四可汗兵共40万突入长城；十二月，进至武威（今属甘肃）、金城（今兰州）、天水（今属甘肃）、延安（今陕西延安东北）等地，掠夺而还。三年四月，隋文帝命卫王杨爽等为行军元帅，率军分道反击突厥。杨爽督四将出朔州（今山西朔县）道，在白道（今内蒙古呼和浩特西北）与沙钵略军相遇。杨爽采纳总管李充的建议，乘沙钵略屡胜轻敌，以5000精骑袭其无备，大破沙钵略军，俘千余人，沙钵略潜入草丛逃走。河间王杨弘率军数万出灵州（今宁夏灵武西南）道，击破突厥军另一部，歼数千人。幽州总管阴寿率步骑数万出卢龙塞（今河北喜峰口一带），击败高宝宁，平定了和龙（今辽宁朝阳）地区。五月，秦州总管窦荣定率步骑3万出凉州（今甘肃武威），在高越原（今武威北）多次击败突厥阿波军。长孙晟遂乘机说服阿波归附于隋。继而突厥内战，沙钵略与阿波等互相攻战不息。后沙钵略等向隋求和称藩。隋解除了南下灭陈的后顾之忧。

隋文帝杨坚

[二、隋灭陈之战]

隋朝开皇八年（陈祯明二年，588）冬至九年春，隋文帝杨坚出兵攻灭江南陈朝、统一全国的战争。

南北朝末期，杨坚取代北周建立隋朝后，即欲攻灭与隋隔江对峙的陈朝，统一南北。开皇元年三月，派名将贺若弼、韩擒虎分别任吴州和庐州总管，做灭陈准备。三年，隋反击突厥之战获胜后，又经几年整治，国力日强。七年，尚书左仆射高颎、虢州刺史崔仲方等献灭陈之策：在江南收获季节，调兵佯攻，误其农时，并不断迷惑麻痹陈军；在长江上游速造战船，准备水战；派人潜入陈境，破坏其储备物资；待陈疲惫懈怠时，突然渡江，东西呼应，一举击破。杨坚采纳上述方略，在战前多方误敌、疲敌，并大量散发揭露陈后主罪行的诏书，争取人心。八年十月，命晋王杨广、秦王杨俊、清河公杨素为行军元帅，高颎为晋王元帅长史，发水陆军51.8万，统由杨广节度，分八路攻陈：杨俊军出襄阳（今属湖北），杨素军出永安（今四川奉节东），荆州刺史刘仁恩军出江陵（今属湖北），此三路由杨俊指挥，直指江夏（今武昌），阻止长江上游陈军东援；杨广军出六合（今属江苏），贺若弼军出广陵（今扬州），韩擒虎军出庐江（今合肥），蕲州刺史王世积军出

蕲春（今湖北蕲春东北），青州总管燕荣军出东海（今江苏连云港西南），此五路由杨广直接指挥，指向陈都建康（今南京）。十二月，各军大部集结于长江北岸。

陈朝统治集团政治腐败，疏于戒备。隋师压境，陈沿江守军相继告急，而后主陈叔宝恃长江天险，仍不在意，照常纵酒赋诗，寻欢作乐。为了元会（即今春节）之庆，命镇守江州（今江西九江）、京口（今江苏镇江）的两个儿子率战舰回建康，致使江防更加薄弱。

长江上游隋军首先发起进攻。杨俊率水陆军 10 余万进屯汉口，陈将周罗睺等率兵数万据江夏与之相持。杨素率舟师沿三峡东下，刘仁恩率军由江陵西进，两军配合袭占狼尾滩（今湖北宜昌西北）；后又攻破西陵峡口岐亭和延洲（今湖北宜都西北）等要点，击败陈将吕忠肃，继续顺江而下。陈荆州刺史陈慧纪见势不利，率军从公安（今湖北公安西北）东撤，被杨俊军阻于汉口以西。

九年正月初一，长江下游隋军利用陈军欢度元会之机，分路渡江。贺若弼从广陵率军南渡；韩擒虎率军由横江（今安徽和县东南）夜渡，袭占采石（今安徽马鞍山西南）。接着，杨广也率大军进屯六合南之桃叶山。陈叔宝始觉事态严重，下诏调兵拒隋。隋军渡江后积极向前推进，贺若弼军于初六占领京口后，以一部进至曲阿（今江苏丹阳），牵制吴州（今江苏苏州）的陈军，主力西进；韩擒虎军于初七攻占姑孰（今安徽当涂）后，沿江直下，与贺若弼军钳击建康。十七日，贺若弼军进据钟山（今南京紫金山），屯于山南白土冈之东；韩擒虎与总管杜彦合军 2 万进屯新林（今南京西南）；同时，隋行军总管宇文述也率军 3 万渡江，占据石头（今南京城西），对建康形成包围态势。在此期间，于两翼配合隋军主力进攻建康的王世积军，大败陈将纪瑱于蕲口（今湖北蕲春西南）；燕荣军沿海南下，入太湖，拟攻吴州。

时陈军在建康附近尚有 10 余万人，陈叔宝弃险不守，也不采纳部将有关抵御、反击隋军的建议。二十日，仓促命诸军出战，在白土冈一带摆成南北长 20 里的阵势，缺乏统一指挥，首尾进退互不相知。贺若弼率 8000 甲士与陈军初战不利，后奋力攻陈军薄弱部分，陈军一部败退，随即全军瓦解。同日，韩擒虎军自新林进至石子冈（今南京雨花台），陈镇东大将军任忠投降，引韩擒虎军经朱雀门进入建康城，俘陈叔宝。当日夜，贺若弼军也从北掖门进城。二十二日，杨广入建康后，令陈叔宝以手书招降上游陈军。吴州等地的守臣不降，均为隋军所破。二月，陈朝所属州郡均归附于隋。至此，结束了自东晋十六国以来270余年南北分裂的局面。

隋灭陈，是历史上一次大规模的渡江作战。隋以充分而周密的准备，采取先疲后打、割裂围歼的方略，先从次要方向发起进攻，使上游陈军不能增援下游，继以优势兵力在主要方向突然渡江，分进合击，直捣建康，迅速获胜。

[三、隋末农民起义]

7 世纪初，推翻隋朝统治的农民大起义发生了。

隋朝末年，隋炀帝三次东征，给人民造成非常严重的灾祸。大业八年（612）云集涿郡（今北京）的兵士和民夫大致为350万人，如果再加上造船之类的就地征役、或逃或死的兵民，数字就更大了。以后连年东征，都是在全国征发，人数也不会少。除了劳役以外，军需的征发的负担也非常沉重，常规租调已预支数年。这样扰动全国，弄得盛强的隋王朝"黄河之北则千里无烟，江淮之间则鞠为茂草"（杨玄感的檄文），社会生产力遭到严重的破坏，人民受到无边的苦难。

河北、山东是筹备东征的基地，兵役、力役最为严重。大业七年，这一地区遭到特大水灾，次年又发生旱灾，人民走投无路，起义首先在这里发生。最早见于记载的是大业七年邹平县民王薄于长白山（今山东章丘东北）起义，自称"知世郎"，作《毋向辽东浪死歌》号召反抗。这一年还有刘霸道起义于平原东（今山东商河、惠民间），孙安祖、窦建德起义于高鸡泊（今河北故城西），鄃县（今山东夏津）人张金称、蓨县（今河北景县）人高士达各在境内起义。后来发展壮大的翟让领导的瓦岗（在今河南滑县南）军和以后南渡长江由杜伏威、辅公祏领导的起义军，也都在这一二年间组织起来。从此直到隋亡，见于史籍的武装反隋

力量北至今山西、河北北部，南达岭南，东至山东、江浙、福建沿海，西达河西走廊，大大小小数以百计，其中在今河北、山东、河南的约占半数，起义时间也较早。这些起义队伍经过激烈的搏斗，分并离合，最后大致形成三大起义力量：一是威震全国、据有河南的李密领导的瓦岗军；二是雄踞河北的窦建德领导的夏军；三是自淮南转移到江南由杜伏威领导的吴军。

瓦岗军　大业七年（611），翟让与同郡人徐世勣（即李勣）、单雄信起兵于瓦岗，参加起义的有故县吏邴元真、善于占卜的贾雄和翟让兄翟弘等。翟让以贾雄为军师，

瓦岗军开仓散粮（油画）

邴元真为书记，徐世勣、单雄信为领兵将校，所部多齐、济间渔猎手。瓦岗军初期活动于东郡一带，后从徐世勣建议，分兵西上，进入大运河所经的郑、宋（今河南东部郑州、商丘一带）界，阻截往来的公私船舶，资给丰足，归附者日众，起义军很快发展到万余人。

大业十二年，李密参加瓦岗军。翟让派他游说河南地区小股反隋武装归附，很有成效。同年十月，李密劝翟让迎击隋悍将荥阳通守张须陀所统精卒，大败隋军。翟让命他分统一部分军队。李密军令严肃，赏赐优厚，士卒乐意为他所用。瓦岗军声势渐盛，他劝翟让要有平定天下的远大目标，建议袭取兴洛（后改洛口）仓，开仓赈济，扩充队伍，然后进取东都。大业十三年，瓦岗军攻取洛口仓，招就食饥民几十万，起义队伍迅速壮大。

李密不仅取得了翟让的信任，而且逐步在瓦岗军内部形成以李密、房彦藻、常何、李玄英、祖君彦等为核心的势力。十三年初，李密获准建立"蒲山公营"。二月，在王伯当、贾雄和徐世勣的支持下，翟让推李密称魏公于洛口，改元永平。设置魏公府和行军元帅府，又置"百营"以招徕各路反隋武装。魏公府下置三司、

六卫，以翟让为司徒，徐世勣、单雄信为左右武侯大将军，各领本营，这是瓦岗旧部；元帅府置左右长史、司马、记室、护军，又置"内军四骠骑"，统率亲兵八千以供宿卫，这是蒲山公营的扩大，是李密的嫡系武装。

瓦岗军屡败隋军，据有洛口、黎阳、回洛三个大粮仓，河南诸郡县相继降附，今河南以至山东境内诸起义军也都接受魏公号令，李密在各路起义军中确立了盟主地位。

河北起义军　大业七年，隋征兵攻高丽，窦建德以"募人"从军，为二百人长。地方官怀疑建德与诸义军交通，便收杀建德全家老小。建德本已随军北上至河间（今属河北），听说全家被杀，就率领部下二百人投奔高士达。士达自称东海公，以建德为司兵，听从建德建议，入高鸡泊。起义军发展达万人。大业十二年，高士达以窦建德为军司马，建德用计袭杀隋涿郡通守郭绚，声势大振。同年末，炀帝遣太仆卿杨义臣击破清河义军主力张金称部。金称遇难后，余众投建德。义臣乘胜入高鸡泊，士达阵亡。建德为士达发丧，招集散亡，重又组织起队伍，很快发展到十余万人。隋在河北地方上的武装力量基本上已被消灭，起义军兵锋所至，隋朝官吏"稍以城降之"。十三年正月，建德于河间乐寿县（今河北献县）建立政权，自称长乐王，署置百官，分治郡县，年号丁丑。七月，建德大败隋将薛世雄，攻克河间。唐武德元年（618）十一月，建德定都于乐寿，国号大夏，改元五凤。隋将宇文化及先已杀炀帝，这时引军西归关中。二年闰二月，建德攻宇文化及于聊城（今山东聊城东北），生擒化及。

江淮起义军　大业七年（611）杜伏威16岁时，与辅公祏同聚众起义。他勇敢善战，被推为主。九年，在淮南，他设计击败江都派来镇压的隋军，先后合并了下邳、海陵的反隋武装，兵威渐盛。大业十二年七月，炀帝至江都（今江苏扬州），当时李子通据海陵（今江苏泰州），左才相在淮北，杜伏威屯六合，从三面威胁江都。炀帝遣陈稜率宿卫精兵八千进行讨伐，互有胜负。次年正月，又遣陈稜征讨江淮一带起义军中力量最强大的杜伏威。隋军大败，起义军乘胜攻破高邮（今江苏高邮北），占历阳（今安徽和县），杜伏威自称总管，以辅公祏为长史，很快控制

了淮南各县，江淮间小股反隋武装多来归附，形成了江淮间巨大的起义力量。

从大业十三年三、四月，瓦岗军围逼东都开始，以瓦岗军为中坚，以窦建德、杜伏威为两翼的农民起义军，对隋王朝进行了摧毁性的打击。六月，瓦岗军大败隋军，东都危急。七月，炀帝抽调"江淮劲卒"和"燕地精兵"奔赴东都，涿郡留守薛世雄统率燕地精兵三万南下，兵至河间（今属河北），营于七里井，准备会合河间诸县兵先行镇压窦建德起义军。窦建德指挥部队从各城中撤出，向南转移，然后乘薛世雄不加防备，选精兵数千人为伏兵，亲率敢死之士280人夜袭。三万隋军溃散。薛世雄带数十骑逃回涿郡。窦建德起义军又重新控制了河北的大部分地区。

八月，瓦岗军占领黎阳仓，开仓赈济饥民，队伍扩大到数十万人。炀帝又命江都通守王世充统率洛阳附近诸郡兵与东都留守兵共十余万人，在洛水两岸同瓦岗军展开激战。王世充屡战屡败，有些隋将投降李密。这时洛阳城内缺粮，饿死的人很多。河北、山东、河南和江淮流域都被起义军占领，隋的军事力量也大部被起义军消灭，隋王朝直接控制的地方越来越狭小。形势对瓦岗军非常有利。但由于瓦岗军内部矛盾日益加深，李密始终不肯改变在洛阳城下与隋军主力长期鏖战的错误战略，所以没有取得决定性胜利。

在农民起义军从各条战线向隋王朝发起全面进攻的同时，朔方（今陕西靖边东北白城子）梁师都、马邑（今山西朔州）刘武周、金城（今甘肃兰州）薛举等地主官僚也纷纷起兵，割据地方。大业十三年五月，隋太原留守李渊也从太原起兵，七月，趁隋军与瓦岗军大战之机，进入关中。十一月，攻克长安。

大业十四年三月，隋炀帝被杀，宇文化及领禁兵西归。五月，李渊在长安即皇帝位，建立唐朝。留守东都的隋越王侗也在洛阳即皇帝位，改元皇泰，史称皇泰主。

杜伏威上表于洛阳小朝廷，皇泰主拜伏威为东道大总管，封楚王。李密也在宇文化及大军压境的情况下，为了避免腹背受敌，向皇泰主称臣。李密大破宇文化及的军队，但自己的兵力损失也很大，于九月被实际控制东都的王世充乘虚打败，投降李渊。只有窦建德的夏政权在河北仍保持独立。武德四年三月，唐兵进攻洛阳王世充，窦建德亲自统兵十余万援助王世充，和唐军相持于虎牢（今河南荥阳西北汜水镇西）一带。谋士凌敬建议全军渡河，攻占河阳，越过太行山，进军汾水流域，威胁关中，迫唐军从洛阳撤退。建德不听。五月初，李世民袭击得手，夏军溃散，建德被俘。之后，建德留守洺州诸将士或散或降唐。七月，窦建德于长安被杀。窦建德余部在刘黑闼领导下，复于武德四年、五年两次起义于河北，六年被消灭。杜伏威于武德二年降唐，五年入朝长安，以辅公祏留守。唐以杜伏威为太子太保，仍兼行台尚书令，留长安。六年，这支军队在辅公祏领导下反唐，次年三月被消灭。

[四、霍邑之战]

隋大业十三年（617）八月，太原留守李渊起兵后，在霍邑（今山西霍县）击败隋将宋老生的作战。

隋末，农民起义摧毁了隋炀帝的统治，李渊乘机起兵，于十三年六月建大将军府，自称大将军，以长子李建成为左领军大都督，次子李世民为右领军大都督。七月，李渊率甲士3万沿汾水南下，进驻贾胡堡（今山西霍县西北）。隋西京留守、代王杨侑派虎牙郎将宋老生率精兵2万守霍邑，左武侯大将军屈突通驻河东郡城（今山西永济西），抵御李渊。适逢久雨，李渊军缺粮，又流传突厥与刘武周将乘虚袭太原（今太原西南），李渊招集将佐谋北还，被二子劝止。不久，粮运到达。八月，李渊率兵直趋霍邑，恐宋老生固守不出，采纳二子用轻骑诱其出战之计，亲率轻骑数百先至城东，命二子各率数十骑佯装围城，并令后军急进。宋老生在城上见李渊后军将至，恐其逼城扎营，乃引兵从南门、东门出城。李渊虑其背城不肯远出，命李建成由东门佯退诱敌，李世民断其南门归路。宋老生见李渊军退，以为怯战，遂引兵向前，离城里余列阵。李渊即命二子率轻骑直冲城门，出其阵后，

前后夹击，并扬言已斩宋老生。顿时隋兵大乱，争奔城门。但门已为李渊军夺占，宋老生不得入，被斩。李渊军遂占霍邑，初战获胜，为进军关中打开了通路。

[五、李渊攻取长安之战]

隋大业十三年（617）八月，霍邑之战后，李渊率军进至龙门（今山西河津西），由于招抚了孙华领导的农民军，因而得以派兵6000渡河至梁山（今陕西韩城境），取得立足点。

九月初十，李渊率军围河东郡城（今山西永济西），隋左武候大将军屈突通据城固守。李渊考虑屯兵坚城不利，决定留一部兵力围城，自率主力于九月十二西渡黄河进入朝邑（今陕西大荔境），命左领军大都督李建成率兵屯永丰仓（今陕西潼关北），并守潼关（今潼关东北），命右领军大都督李世民率军攻占渭北。屈突通闻李渊军西进，留部将尧君素守河东，自引兵数万西救长安（今西安），兵至潼关，为李渊部将刘文静所阻。李世民由渭北至鄠屋（今陕西周至），原在关中地区的李渊亲属和官吏豪强也起兵响应，并与当地各反隋武装联合归附李渊，兵力发展到13万，皆

唐高祖李渊

归李世民统领。隋西京留守、代王杨侑等团门据守。李渊得知屈突通军不得西进，遂命李世民率军屯长安故城（今西安西北）；命李建成率精兵至长乐宫（长安故城东南隅）。十月初四，李渊引兵至长安与诸军会合，兵力达20余万。二十七日命诸军攻城，十一月初九占领长安。此战为建立唐朝奠定了基础。

[六、浅水原之战]

唐武德元年（618）六月至十一月，秦王李世民率军在浅水原（今陕西长武东北）对薛举父子所部的作战。

武德元年六月，据陇西称秦帝的薛举率兵袭扰唐泾州（今甘肃泾川北），七月，进逼高墌（今陕西长武北）。唐高祖李渊以李世民为元帅，率八总管兵迎战。由于部将恃众不备，被薛举引兵掩袭阵后，大败于浅水原，退兵长安，高墌遂陷。八月，薛举死，其子仁杲（一说仁果）继位，驻折墌城（今甘肃泾川东北），继续攻唐，威胁关中。李渊一面争取据凉州（今甘肃武威）称王的李轨的支持，一面又命李世民领兵逼近高墌。薛仁杲派大将宗罗睺率兵10余万迎击。宗罗睺多次挑战，唐将亦请出击，李世民认为唐军受挫，士气未复，而薛军又恃胜而骄，应当闭垒以待，等其粮尽，再一战而破。遂坚壁不动，两军相持60余日。至十一月，薛军粮尽，将士离心，其将梁胡郎等率部降唐。这时，李世民选择浅水原有利地形作为决战地点，派行军总管梁实扎营于原上，诱薛军出战。宗罗睺自恃骁勇，

唐太宗李世民

尽出其精锐进攻。梁实守险不出，以挫其锋。相持数日，薛军疲惫。李世民见战机已到，遂令右武候大将军庞玉率军在浅水原南部列阵，出薛军之右。当宗罗睺集中兵力攻庞玉军之际，李世民亲率大军从浅水原北部突击其后背，宗罗睺回军迎战，遭唐军前后夹攻而大败，死伤数千人，逃往折墌。唐将窦轨谏言不可轻进，李世民认为破竹之势，机不可失，当即率2000余骑乘胜直追，占据泾水南岸，使溃散的宗罗睺军不得入城。薛仁杲列阵于折墌城下，其骁将浑干等临阵降唐。薛仁杲恐惧，入城拒守。傍晚，唐大军围城。薛仁杲被迫于十一月初八率兵万余出降。唐平定陇西，消除西顾之忧，保障了关中安全。此战，唐争取李轨成功，

使薛军侧后受到威胁；李世民再战浅水原，闭垒以待，抓住有利战机前后夹攻，并乘势追击，使其兵不得聚，从而获胜。

[七、柏壁之战]

唐武德二年（619）十一月至三年四月，李世民军对刘武周军在柏壁（今山西新绛西南）进行的一次由防御转入反攻的作战。

刘武周原是隋马邑（今山西朔县）鹰扬府校尉，于隋大业十三年（617）依附突厥被立为定杨可汗；后引突厥兵攻取了唐境榆次、平遥（均属今山西）等地，对太原（今太原西南）形成了包围态势。武德二年六月，刘武周派大将宋金刚率兵3万进攻太原未克；九月，自领兵进逼太原。唐并州都督李元吉逃奔长安（今西安），太原失守。唐高祖李渊为了挽回河东败局，曾几次出兵，都为刘武周所败。刘武周命宋金刚乘胜引兵南下，进逼绛州（今山西新绛），威胁关中。自称魏王的夏县（今属山西）民吕崇茂与占据蒲州（治今山西永济西）的原隋将王行本，见势也和刘武周相呼应。关中震惊。李渊派永安王李孝基等率兵进击吕崇茂，又允秦王李世民所请，命其率精兵3万收复失地。

十一月，李世民率兵自龙门（今山西河津西）趁冰坚渡过黄河，屯兵柏壁，与宋金刚军相持，并同固守绛州的唐军形成掎角之势，使宋金刚军不得前进。李世民认为，刘武周占据太原，宋金刚孤军深入，军无蓄积，利在速战；唐军宜闭营养锐以挫其锋，分兵冲其心腹，待其粮尽计穷撤走时，再行出击。于是，命总管刘弘基率兵2000由隰州（今山西隰县）奔浩州（今山西汾阳）截断宋金刚粮道；派小部队寻机袭扰其后方，主力则厉兵秣马，坚壁不战。十二月，宋金刚先后派部将尉迟敬德、寻相率军支援吕崇茂和王行本，李世民两次出动精兵截击于美良川（今山西闻喜南）和安邑（今山西运城东北）。因唐军获胜，诸将请求出战，李世民仍坚持待机而动。三年正月，蒲州王行本降唐。二、三月间，刘武周

两次派兵攻潞州（今山西
长治）、浩州，均被唐军
击退。此时，浩州唐将张
德政袭斩护运粮饷的刘武
周部将黄子英，占领了介
休（今属山西）与平遥之
间的张难堡。

宋金刚军和唐军在
绛州与柏壁之间相持近半

绛州（今山西新绛）

年。宋金刚军由于粮秣断绝，遂于四月十七，以寻相部为后卫向北撤军。李世民
率军跟踪追击，至吕州（治今山西霍县），大败寻相。继而乘胜追歼，一昼夜行
200 余里，至雀鼠谷（介休西南），追上宋金刚军，一日八战皆胜，俘斩数万人。
追至介休，宋金刚军尚有兵 2 万，背城布阵。李世民派总管李世勣等出击，自率
精骑抄其阵后，前后夹击，宋金刚大败而逃。尉迟敬德、寻相以介休、永安（即
霍邑，介休南）两城降唐。刘武周、宋金刚逃往突厥，后为突厥所杀。唐军收复
太原后，又回师攻克夏县。

此战，李世民后发制人，待机破敌，穷追猛打，连续作战，终获全胜。唐军
夺回河东，对巩固关中，进而争夺中原具有重要意义。

[八、洛阳、虎牢之战]

唐武德三年（620）至四年，秦王李世民率军在洛阳、虎牢（今河南荥阳
氾水镇西）各个击破王世充、窦建德军的重要作战。

隋朝灭亡后，隋旧将王世充镇压瓦岗起义军，据有中原地区，在洛阳自称郑帝。
河北起义军首领窦建德占有河北大部州县，自称夏王。郑、夏与唐三大政权形成

李世民

对峙局势。

唐高祖李渊为统一天下，于武德三年七月令秦王李世民率军东征王世充。唐前军进围慈涧（今洛阳西），王世充即将兵力收缩回洛阳城内。李世民决定先扫清外围，然后攻城。令行军总管史万宝自宜阳（今宜阳西）进占龙门（今洛阳南），潞州行军总管刘德威出太行进围河内，上谷公王君廓至洛口（今巩义东北）断其粮道，怀州总管黄君汉自河阴（今孟津东北）攻回洛城（今偃师北），李世民自率主力屯北邙山（今洛阳北），进逼洛阳。九月，唐军于北邙山大败王世充军，斩千余人，俘兵六千。十月，唐军占据管州、荥州（治今郑州、荥阳），于阳城（今登封东南）置嵩州，切断洛阳东、南向通道。王世充求救于窦建德。建德谋臣认为：郑亡，夏不能独立，不如发兵救之，待破唐后相机灭郑。建德遂取联郑抗唐之策，出兵救援。

四年二月，唐军围困洛阳。昼夜攻击，旬余不克，将士疲惫思归。这时，洛阳东北要地河阳（今孟州南）、怀州、虎牢守将相继降唐。唐军掘堑筑垒围困洛阳，城中粮尽。三月，窦建德率十余万人西援洛阳，水陆并进，至成皋之东板渚（今荥阳北黄河南岸），与王世充遥相呼应。

洛阳久攻不下，窦建德援军到来，唐军处于两面作战的困境。李世民与众人商议，认为王世充粮尽，上下离心，洛阳指日可下；应进据虎牢，扼其咽喉，阻挡夏军，相机破之；若虎牢失守，郑、夏并力，势将难敌。李世民决定分兵，令屈突通等辅助齐王李元吉继续围困洛阳，自率骁勇3500人进据虎牢。夏军与唐军相持月余，数战不利，将士思归。国子祭酒凌敬建议北渡黄河，出蒲津（今陕西大荔东）威胁长安，迫使唐军回救，以解洛阳之围。窦建德不听。五月初一，

夏军自板渚西出牛口，绵亘二十里，鼓行而进。唐军按兵不出，相持至中午，夏军士卒饥倦，军容不整。世民率轻骑出击，大军继后，直冲敌阵。夏军未及整理队伍，即被唐军冲散。世民率将领直突其阵后，夏军大溃。唐军追奔三十里，斩杀3000余人，俘5万人。窦建德负伤被俘，偃师、巩县、故洛阳城（今河南偃师东、巩义东、洛阳东北）守将皆降。李世民回师洛阳，王世充见大势已去，率部众出降。

此战，李世民先分兵攻洛阳外围要地，迫使王世充困守孤城，又围城打援，扼险抗击窦建德，避锐击惰，奇兵突袭，一举消灭两大割据势力，为唐朝统一全国奠定了基础。

[九、唐平萧铣之战]

唐朝武德四年（621），唐军攻灭江南割据势力萧铣的一次统一战争。

萧铣原为隋罗川令，梁室后裔。隋大业十三年（617）乘乱起兵反隋，次年在江陵（今属湖北）称梁帝，据有东至九江（今属江西），西抵三峡，北临汉水，南达岭南的广大地区，拥兵40余万。唐高祖李渊占领长安（今西安）后，派左光禄大夫李孝恭进入巴蜀，后又派开府李靖协助其筹划东下消灭萧铣。武德二年九月，萧铣遣水陆军攻峡州（今湖北宜昌西北），为唐峡州刺史许绍所败，后两军在峡州对峙。

三年冬，萧铣先后杀功臣董景珍、张绣，内部混乱，诸将离心。四年初，李靖向赵郡王李孝恭献策乘机攻萧铣。二月，李渊任李孝恭为夔州总管，大造战舰，训练水军。因李孝恭军事经验少，令李靖为行军总管兼李孝恭长史，委以军事。九月，李渊发巴蜀兵，以李孝恭、李靖统12总管兵自夔州（今四川奉节东）顺江东下，以庐江王李瑗出襄州（今湖北襄阳），黔州刺史田世康出辰州（今湖南沅陵），黄州总管周法明出夏口（今汉口），进击萧铣。时江水泛涨，萧铣认为唐军必不能进，休兵不设。李孝恭接受李靖乘水涨敌懈、迅速进军江陵的建议，

唐平萧铣之战

亲率战舰 2000 余艘东下，首先攻克荆门（今湖北宜都西北）等要地。萧铣部将文士弘率精兵数万屯清江（今清江入长江口），急来援救。李孝恭欲出战，李靖认为，文士弘系萧铣悍将，新失荆门，率锐救败，恐不可当，宜先驻南岸，待其气衰再行出击。李孝恭不听，十月初九留李靖守营，自率兵击文士弘，果遭失利。文士弘乘胜纵兵抢掠。李靖乘其混乱挥军出击，大破文士弘军，获舟船 400 余艘，斩杀及溺死者近万人，追至枝江（今湖北枝江西南）以东的百里洲，再败文士弘军。李靖乘胜率轻兵 5000 直逼江陵城下，李孝恭率大军继进，将江陵包围，入外廓，拔水城，俘甲兵 4000 余，缴获大批舟船。李靖认为，萧铣所占地域很广，现深入其腹地，如攻城不下，敌援兵四集，就会进退两难。因而将舟船散弃江中，任其漂流，以迷惑援兵。萧铣见援兵不至，二十一日被迫向唐军投降。数日后，南方救兵到达巴陵（今湖南岳阳），见空船顺江而下，果狐疑不敢进；后知江陵已破，均投降了唐军。

唐军进江陵后，李孝恭接受李靖和萧铣降官岑文本的建议，严明军纪，对萧铣的降将家眷予以保护。影响所及，南方州郡都望风归附。此战，唐军善择战机，出敌不意，以水军顺江而下，直捣腹心，一举击灭萧铣，是中国古代一次著名的江河作战。

[十、唐攻东突厥之战]

唐朝贞观三年（629）十一月至四年三月，唐王朝为消除北方威胁而攻灭东突厥颉利可汗部的战争。

隋末唐初，东突厥再度强盛，频繁骚扰唐境，并几次大举南进。武德五年（622）八月，颉利可汗率 15 万骑进入雁门（今山西代县），攻太原（今太原西南），另遣兵攻原州（今宁夏固原）。唐高祖李渊命太子李建成、秦王李世民分别率兵抵御。后双方议和，颉利退兵。李世民即帝位初，颉利又乘机率兵 10 余万至长安（今西安）城西的渭水便桥北，唐太宗亲至桥南，责其背约。颉利见唐军有备，不敢决战，遂与唐结盟退兵。

面临东突厥的威胁，太宗励精图治，练兵习武，分化突厥，准备反击。贞观元、二年间，东突厥内乱，又遭天灾，薛延陀等部落背离颉利，东突厥东部的突利可汗归唐。颉利感到孤立，于三年八月，遣使至唐朝称臣，并求和亲。此时，唐朝内部安定，经济初步恢复，又取得了恒安（今山西大同境）、朔方（治今内蒙古乌审旗南白城子）便于进攻东突厥的军事要地，代州都督张公谨献言进攻突厥的有利条件，太宗认为战机成熟，决定出兵。

十一月，太宗以行并州都督李世勣为通汉道行军总管，兵部尚书李靖为定襄道行军总管，华州刺史柴绍为金河道行军总管，任城王李道宗为大同道行军总管，检校幽州都督卫孝节为恒安道行军总管，灵州大都督薛万彻为畅武道行军总管，共率兵 10 余万，皆受李靖节度，分六路出击突厥。

四年正月，李靖率 3000 骁骑自马邑（今山西朔县）进屯恶阳岭（今内蒙古和林格尔南），乘夜袭占定襄（今和林格尔西北）。颉利未料到唐军突至，率部北撤。李世勣自云中（今山西大同）出兵，大败突厥于白道（今内蒙古呼和浩特西北）。

唐攻东突厥之战

颉利退屯铁山（今内蒙古白云鄂博一带），收容余众数万，拟待草青马肥，然后撤至漠北，便遣使至唐，请举国内附。太宗遣鸿胪卿唐俭等去突厥抚慰，又诏李靖率兵迎颉利。李靖引兵至白道与李世勣军会师，相与定谋：颉利虽败，兵力尚多，若任其逃往漠北，依附于薛延陀等部，则很难追歼；今唐俭在突厥，颉利懈而不备，如选精骑袭之，可不战而擒。二月初，李靖率兵于夜间进发，李世勣亦统军跟进。李靖军至阴山，遇突厥千余帐，尽俘之以随军。颉利见唐使前来抚慰，以为安然无事。李靖军前锋部队乘雾而行，距牙帐七里，颉利才发觉，仓皇逃走。李靖率主力军至，突厥军溃散，共歼万余人，俘众10余万。唐俭脱身得归。颉利率万余人欲逃过碛口（今内蒙古善丁呼拉尔），遭李世勣军堵截，其大酋长皆率众投降。颉利逃往灵州（今宁夏灵武西南）的沙钵罗部落，欲奔吐谷浑，被大同道行军副总管张宝相俘获送京。

此战，唐太宗选择战机得当，李靖以骁骑奇袭与李世勣包抄堵截密切配合，终获大捷。此后，唐北边数十年无大战事。

[十一、李靖攻吐谷浑之战]

唐贞观九年（635），李靖率军对吐谷浑部的一次远程奔袭战。

李靖

唐初，吐谷浑占据今青海等地。贞观八年，吐谷浑可汗伏允依其臣天柱王之谋，进袭唐境廓州（今青海化隆西南）、兰州，使通往西域的咽喉河西走廊受到威胁。同年六月，唐廷派左骁卫大将军段志玄率军出击，吐谷浑携众远遁。十一月，吐谷浑军复掠凉州（今甘肃武威），唐太宗决定大举进击。十二月，起用已退休的右仆射李靖为西海道行军大总管，统辖兵部尚书侯君集、刑部尚书李道宗、凉州都督李大亮、岷州都督李道彦、利州刺史高甑生等诸道行军总管和归唐的东突厥及契苾何力等军进击吐谷浑。

次年闰四月初八，李道宗部在库山（今青海湖东南）击败吐谷浑军，伏允烧尽野草，轻兵入碛。唐军诸将认为，马无草、疲瘦，不可深入。唯独侯君集主张应乘其初败、人心离散之机，协力进取。李靖采纳其意见，分兵两道追歼，亲率李大亮等部由北道切断其通往祁连山的退路，并迂回至其首府伏俟城（今青海湖西）；以侯君集、李道宗等部由南道追截南逃的吐谷浑军。随后，北道唐军先后于曼头山、牛心堆等地（今青海湖沿岸）连败吐谷浑军，俘斩其名王数十人。南道唐军历经无人之境2000余里，于乌海（今青海苦海）大破伏允部，俘其名王，余众西逃。李靖督诸军，经积石山（今青海阿尼玛卿山）河源（黄河源）追至且末（今属新疆）。李靖部将契苾何力闻伏允逃至图伦碛（今新疆且末西），将奔于阗，即率精骑千余直趋图伦碛，袭击伏允牙帐，歼数千人，缴获甚众。伏允逃走后不久死去，其子大宁王慕容顺斩天柱王，率部归唐，被封为可汗、西平郡王。

此战，李靖以分进合击、穷追猛打等战法击败吐谷浑军，保障了唐陇右道的安全。

甘肃河西走廊风貌

[十二、苏定方攻西突厥之战]

唐朝显庆二年（657），右屯卫将军苏定方率军进攻西突厥沙钵罗可汗部的一次战争。

唐贞观年间，西突厥内讧，互相攻战。叶护阿史那贺鲁兵败后归附唐朝，受命招讨尚未服唐的西突厥各部。永徽二年（651），他击破宿敌乙毗射匮可汗，西突厥十姓诸部（即咄陆五啜、弩失毕五俟斤）皆来归附，遂拥兵数十万，自号沙钵罗可汗，建牙帐于双河（今新疆温泉境）、千泉。他与乙毗咄陆可汗连兵，西域许多小国也往依附。七月，进攻唐庭州（今新疆吉木萨尔北），陷金岭城与蒲类县（今新疆奇台东南）。唐曾数次派兵进击，均未获全胜。

显庆二年闰正月二十一，唐以右屯卫将军苏定方为伊丽道行军总管，率燕然都护任雅相、副都护萧嗣业，发唐兵与回纥骑兵万余人，自北道攻西突厥沙钵罗可汗；又遣右卫大将军阿史那弥射及左屯卫大将军阿史那步真为流沙安抚大使，自南道招集西突厥旧众。十二月，苏定方率军在金山（今阿尔泰山）北，击破处木昆部，其俟斤嬾独禄等率万余帐来降。

唐朝采纳右领军郎将薛仁贵建议，争取泥孰部（弩失毕五俟斤之一）共袭沙钵罗。至曳咥河（今新疆额尔齐斯河）西，苏定方率部万余人为沙钵罗率领10万之众所包围。他命步兵持矛环据南原，自率骑兵列阵于北原。沙钵罗军三冲南原未逞，苏定方率骑兵乘势反击，大败沙钵罗军，追击30里，斩获数万人。次日，唐军继续进击，胡禄屋等五弩失毕举部归降，沙钵罗与处木昆屈律啜数百骑西遁。五咄陆部落闻沙钵罗兵败，也归附阿史那步真率领的南路唐军。苏定方命萧嗣业与回纥婆闰牢骑兵向邪罗斯川（伊丽河西）方向追击，自与任雅相率新附之众继后。时遇大雪，深约二尺，诸将建议待天晴再行。苏定方说服部众，利用沙钵罗军以为唐军必然休兵的侥幸心理，昼夜兼程，继续追歼。进至双河与南路军会师，又长驱200里，直抵金牙山沙钵罗牙帐，乘其将去打猎而无戒备之际，突然发起攻击，斩获数万人。沙钵罗与其子咥运、婿阎啜等逃往石国西北之苏咄城。苏定方息兵，

苏定方攻西突厥之战

令西突厥诸部各归所居，修复道路，设置邮驿，划定部落地界，恢复生产，访问疾苦。并将沙钵罗掳掠的财物、牲畜等，全部归还原主。命萧嗣业率兵继续追击，自引军还。不久，石国人诱擒沙钵罗，送交萧嗣业。后唐朝分别置崑陵、濛池二都护府于西突厥故地，以阿史那弥射与阿史那步真为都护，分统其十姓各部。

此战，苏定方对西突厥实行分化和重点打击相结合的方略，攻守兼施，及时反击，穷追猛打，连续作战，终获大胜。

[十三、唐平定安史之乱]

唐朝天宝十四年（755）至广德元年（763），唐王朝平定边将安禄山、史思明叛乱的战争。

叛乱的起因和唐室应变　唐玄宗李隆基统治后期，委政事于宠臣，骄奢淫逸，日趋腐败。但自恃强盛，黩武边疆，沿边增设至八镇节度使及两经略使，拥兵49万余，改变了唐初内重外轻，居中控外的军事部署；加之又将节度使变成统制一

安史之乱

方军政财权的最高长官，这就为怀有野心的边将拥兵割据提供了可利用的条件。

安禄山出身于互市牙郎，善于奉承钻营，从军后受到幽州节度使张守珪的提拔重用。他贿赂朝臣，对皇帝屡进奉献，深得李隆基的赏识。十余年间，他一身兼任平卢（今辽宁朝阳）、范阳（今北京城西南）、河东（今太原西南）三镇节度使，共拥精兵18万余，成为权倾一时的边帅。他早怀野心，以高尚、严庄、史思明、安守忠、蔡希德、崔乾祐、田承嗣等为骨干，策划反唐。天宝十四年，安禄山与宰相杨国忠矛盾加剧，于是利用朝野痛恨杨氏兄妹专横的心理，伪称奉密旨讨杨，率兵15万，于十一月初九自范阳起兵，南下反唐。由于承平日久，各地毫无戒备，在安军突然到来时，河北诸城大部非降即弃。玄宗仓促应变，急派金吾大将军程千里为潞州长史，赴河东募兵御敌；任封常清为范阳、平卢节度使，至洛阳募兵迎战；任张介然为河南节度使，去陈留（今开封）阻止安军南下；以郭子仪代安思顺为朔方节度使，任王承业为太原尹，加强关中屏障。命荣王李琬为元帅、高仙芝为副元帅，率兵5万出潼关（今陕西潼关东北），太监边令诚任监军。又募兵11万保卫长安（今西安）。

两京失陷　十二月初二，安军乘结冰之际渡过黄河，占灵昌（今河南滑县境）、陈留；田承嗣、安守忠率步骑一部直趋洛阳。封常清率新募之兵6万余断河阳桥，在虎牢（今河南荥阳汜水镇）等地阻击，连战皆败，退至陕州（今河南三门峡市），与高仙芝会合，退守潼关。十二日，安军入洛阳，崔乾祐西攻潼关不下，还屯陕州。安军另一路由部将高秀岩率领进攻振武军（今内蒙古和林格尔北），企图配合主力夺取关中，为郭子仪所击败，退保云中（今山西大同）。但玄宗听信边令诚谗言，枉杀了高仙芝、封常清，引起

李光弼

军心动摇。玄宗急忙起用病废在家的原河西、陇右节度使哥舒翰为副元帅，率兵8万进驻潼关，稳定局面。十五年正月初一，安禄山在洛阳称大燕皇帝。此后，唐河北、河南诸州、郡在常山太守颜杲卿、平原太守颜真卿、真源令张巡等的号召下，纷纷起兵抗击安军，钳制其大部兵力。河东节度使李光弼与郭子仪率朔方军先后出井陉，入河北，屡败史思明所部，一度切断洛阳与范阳的交通。六月，玄宗见战局好转，过高估计了唐军实力，强令哥舒翰迅速收复洛阳。哥舒翰建议，叛军远来，利在速战，官军凭险，利于坚守，应待其实力削弱，内部变乱，再大举反攻。郭子仪、李光弼也认为以劲旅袭范阳为上策，潼关大军不可轻动。玄宗全然不听。哥舒翰只得举兵东进，初八，进入灵宝（今河南灵宝北）以西的隘路时，遭崔乾祐部伏击，18万之众，仅剩下8000人；潼关失守，哥舒翰被部将胁迫投敌。玄宗闻讯，决定放弃长安，携带少数宫眷和近臣仓皇逃蜀。至马嵬驿（今陕西兴平西），随行将士在愤怒中杀了杨国忠，并逼玄宗缢死杨贵妃。玄宗留下太子李亨收拾残局，自奔成都。

太原、睢阳之战　安军占领长安后，滞留不进，大肆抢掠。六月十六，李亨率步骑2000至平凉（今属甘肃），七月十二于灵武（今宁夏灵武西北）即位（即唐肃宗）。调郭子仪回灵武任武部尚书，加李光弼为户部尚书、北都（即太原）留守；九月，以长子李俶为天下兵马元帅，李泌任侍谋军国、元帅府行军长史。另以第五琦为山南等五道度支使，督江淮庸调，开辟由江淮经襄阳（今属湖北）

郭子仪

至扶风（今属陕西）的物资运输线。至德二年（757）正月，史思明、蔡希德、牛廷玠、高秀岩分别自博陵（今河北定县）、上党（今山西长治）、范阳、大同发兵共 10 万会攻太原，企图夺取河东，向朔方、河西实施深远迂回。李光弼率众不满万人，掘壕筑垒，挖掘地道，以密集的弩矢、石砲反击，杀敌数万，挫败安军的进攻，守住了太原。当时，叛军内乱，安庆绪杀其父安禄山而代之，把进攻方向指向江、淮，欲断唐军物资供应。安军先后调集兵力数十万攻南阳（今属河南）和睢阳（今河南商丘南），进攻睢阳兵力达 13 万之众。唐河南节度副使张巡与太守许远合兵 6800 人防守睢阳，在民众支援下，以积极出击与顽强坚守并用，经大小 400 余战，杀敌 12 万，坚守达十个月之久，最后城破殉难。南阳唐军在顽强抗击之后，退保襄阳。太原、睢阳唐军的防卫战，保护了南北两翼，钳制了安军的进攻，对积聚反攻力量起了重大作用。

香积寺、陕州之战　至德元年（756）十一月，唐军在陈涛斜（今陕西咸阳境）反攻失利后，肃宗曾向李泌问计，泌提出"以两军系其四将""覆其巢穴""四合而攻之"的方略：根据安军内部不稳、战线绵延，又以范阳为根本的情况，不先攻取两京，而以李光弼出井陉、郭子仪进河东，使史思明、安忠志不敢离开范阳、常山，安守忠、田乾真不敢离开长安；再由肃宗率重兵驻扶风，与李、郭轮番进击，使安军首尾难顾，疲于奔命，我则以逸待劳，乘其疲怠，以劲旅直取范阳，使其退无所归；然后再取两京，可于两年之内尽歼叛军。肃宗当时虽很称许，但次年二月，竟决定先攻长安。李泌再请先取范阳，指出先取两京，虽可得手，但难收根绝之效。肃宗不纳。四月，任郭子仪为天下兵马副元帅，指挥收复两京的作战。五月，唐军先锋进至长安西之清渠受挫，退回武功（今陕西武功西北），经数月准备后，李俶、郭子仪率兵 15 万，并借回纥兵 4000 人，于九月十二，再度反攻。

二十七日，在香积寺（长安南）北、沣水东岸展开激战，杀伤安军6万余；唐军亦有较大伤亡。次日，安军东走。唐军入长安停留三日后，才继续东进，一部趋武关（今陕西丹凤东南）。在潼关斩安军5000余，克华阴（今属陕西）、弘农（今河南灵宝北）、武关等地。安庆绪令严庄率洛阳兵马与退据陕州之张通儒部会合，共步骑15万，与唐军决战。十月十五，两军战于新店（今河南三门峡市西），唐军正面进攻失利，后由于回纥骑兵迂回至安军阵后，形成夹击，才扭转战局。安军大败，溃向洛阳。安庆绪闻讯仅率步骑1300人逃往邺城（今河南安阳）。当安军土崩瓦解时，肃宗却停兵洛阳，忙于迎太上皇还都，不暇追击，使安庆绪得以整军再战。

邺城、河阳之战　安庆绪至邺，收集蔡希德、田承嗣、武令珣等部共6万人据守邺城。至德二年十二月末，安庆绪又派人至范阳调兵。史思明囚禁来人，率所属13郡、兵8万并高秀岩部降唐；次年六月复叛。肃宗在收复洛阳一年之后，才令郭子仪、鲁炅、李奂、许叔冀、李嗣业、季广琛、崔光远等七节度使和平卢兵马使董秦率兵北攻安庆绪；又命河东李光弼、泽潞王思礼两节度使配合行动。九节度使统兵共20万，不设元帅，而以宦官鱼朝恩为观军容宣慰处置使，监督诸军行动。唐军在卫州（今河南汲县）围城打援，大败安军，又在邺城西南愁思冈斩安军万余，进围该城。安庆绪急向史思明求援。史思明发兵13万南下，派李归仁率万人进驻邺城北60里的滏阳（今河北磁县）遥为声援。史思明自率主力攻陷魏州（今河北大名北），按兵观望。乾元二年（759）正月初一，史思明自称大圣燕王。李光弼建议鱼朝恩在围邺同时，分兵逼魏州，迫史思明出战，以便分别歼敌。鱼朝恩不纳，竟置史军10万于不顾，而唐军则猬集邺城周围达四月之久，无所作为。唐军因久围不下，军食不继，军心涣散。史思明乘机向邺城前进，威逼唐军。三月初六，他亲率精兵5万与李光弼、王思礼、许叔冀、鲁炅四部激战，双方伤亡甚众。郭子仪率军继至，未及列阵，忽然狂风大作，对面不能相见，两军各自后撤。唐军一退不可收拾，或归本镇，或退洛阳。史军集结后，入邺城，杀安庆绪，兼并其军。史思明留其子史朝义守邺而自回范阳。四月，自

称大燕皇帝。九月，统兵南下，渡黄河、占汴州（今开封），西向洛阳。这时，唐军副元帅李光弼正巡营河上，急速西归。因兵力不足，决定放弃洛阳，移军河阳（今河南孟州市南），北连泽、潞二州，欲威胁史军侧翼，使之不敢西进。史思明恐侧后被抄袭，不先入洛阳，屯兵白马寺，筑月城与李光弼相持。河阳三城，分筑于黄河两岸及河中沙洲，有桥相通，易守难攻。史军多次进攻，均遭挫败，因而退据洛阳。上元二年（761）二月，肃宗听信鱼朝恩之言，不纳李光弼关于敌兵尚锐、不可轻进的意见，强令李光弼收复洛阳。在一再催促下，李光弼进至邙山，为史军击败，退守陕州与河东。三月，史思明令其子朝义乘胜攻潼关，于陕州为唐军击败。史思明欲杀朝义，反为朝义所杀。由于史军内部不稳，唐军于邙山新败，故双方均取守势。

平乱结束，余患未消　次年，玄宗、肃宗相继去世。四月，李俶（更名豫）即位（即唐代宗）。十月，以其子雍王李适为天下兵马元帅，朔方节度使仆固怀恩为副元帅，调集兵力，并再借回纥兵进讨史朝义。二十三日，仆固怀恩出陕州，另郭英乂、李抱玉、李光弼所领唐军分出渑池（今属河南）、河阳、陈留，合攻洛阳。三十日，败史军于洛阳城北。史朝义率主力10余万出城救援，在昭觉寺展开激战，死伤甚众；接着，史军连败于石榴园、老君庙等地，共伤亡6万余，被俘者2万余。史朝义率轻骑数百东逃。唐军收复洛阳。仆固怀恩留回纥兵于河阳，派其子仆固玚率万骑乘胜追击，连克郑州、汴州。十一月初，在卫州击破史朝义、田承嗣所部4万余。史朝义部将薛嵩、安忠志等降唐。史朝义、田承嗣退守莫州（今河北任丘北）

虎牢关遗址

被围。广德元年春，史朝义率5000骑突围去范阳调援，田承嗣以莫州降唐。史朝义至范阳，因守将李怀仙已归唐，不得入，只好北走奚、契丹境，至温泉栅（今河北卢龙西），因追兵临近，自缢而死。唐平安史之乱的战争至此结束。但安、史旧将仍保存有实力，名为唐臣，实则自专，形成藩镇割据的局面。唐王朝从此衰落。

[十四、李愬袭蔡州之战]

唐元和十二年（817），唐朝平定淮西藩镇割据战争中的一次著名奇袭战。

元和九年，淮西节度使吴少阳死，其子吴元济割据申（今河南信阳）、光（今河南潢川）、蔡（今河南汝南）三州，并派兵在舞阳（今河南舞阳西北）一带烧杀抢掠。唐宪宗李纯曾发16道兵近9万人，从四面进讨，因用将不当，兵力分散，久战无功。十一年十二月，命太子詹事李愬任唐（今河南泌阳）、随（今属湖北）、邓（今河南邓州市）三州节度使，指挥西路唐军参加讨伐。

十二年正月，李愬到唐州，时值唐、邓军屡败之后，士气沮丧，畏敌怯战。为安定军心，

唐宪宗李纯

他亲自慰问士卒，抚恤伤病人员，并佯示戒备松懈，以麻痹对方，暗中则积极准备进攻淮西。二月，宪宗增调2000步骑加强李愬军。李愬安抚归民，争取降将，分化瓦解淮西军，先后俘获和招抚淮西丁士良、陈光洽、吴秀琳、李忠义、李祐等将为己用，淮西军降者日多。他在询问降卒中，详知淮西地形险易，兵力虚实等情况。三至五月间，李愬军先后进占文城栅（今河南遂平西南）等淮西边境要点，

并与北路唐军取得联系，同时切断了蔡州与申、光二州的联络。北路忠武节度使李光颜率陈许等六镇兵马为进攻淮西的主力。三月，李光颜等军在郾城（今属河南）附近击败淮西军主力3万，迫使郾城守军投降。吴元济见郾城失守，急调蔡州部队加强洄曲（郾城东南）董重质守军。八月，唐宰相裴度亲到郾城督战，更使吴元济将注意力放在北线。裴度又奏请撤去宦官监军权力，使主将得以根据情况自行用兵。此时，东路寿州（今安徽寿县）军和南路鄂岳（今武昌）军钳制了淮西申、光二州的兵力2万余人，于是蔡州空虚。

九月，李愬领兵攻吴房（今河南遂平），克外城，斩守将，但不占该城，引兵还营，使敌仍分兵驻守。这时，李祐建议：蔡州精兵皆在洄曲，防守蔡州城的均为老弱残兵，可乘虚袭取。李愬遂决心奇袭蔡州，并密报裴度，得到了赞允。

十月十五，风雪阴晦，李愬利用这一天候，以随州刺史史旻留镇文城，命李祐、李忠义率精兵3000为前锋，自率3000人为中军，令田进诚率3000人殿后，秘密向蔡州进军。部队刚出发，李愬仅指示向东，行60里，夜至张柴村，命士卒稍事休息，留500人镇守，以断敌朗山（今河南确山）救兵；令丁士良带500人断通往洄曲的桥梁，防洄曲守军回救。随后领兵继续东进。此时方宣布此行是去蔡州擒吴元济。夜半，风雪大作，又急行70里，天未明至蔡州城下，城内守军毫无察觉。李祐、李忠义带领勇士先登城而入，尽杀守门士卒，打开城门放进后续部队。十六日拂晓，雪止，李愬进入吴元济外宅，命田进诚攻牙城，吴元济仓皇登城抵抗。唐军毁外门，占领军械库。十七日继续攻击，在民众协助下，火烧南门，迫吴元济投降。李愬又让董重质之子持书招降其父，申、光二州守军也相继来降。

此战，李愬因势利导，麻痹对方；争取降将，分化吴军；注意了解敌情，利用恶劣天候，乘虚而入，出其不意直捣腹心，奇袭得胜。从此结束了淮西割据局面，并影响成德、卢龙、横海、淄青等镇先后归顺唐室，使唐王朝又一度重归统一。

[十五、黄巢北伐夺取两京之战]

唐乾符六年（879）十月至次年十二月，黄巢率领农民起义军从广州北伐，夺取洛阳和长安（今西安）的作战。

乾符二年，曹州冤句（今山东菏泽西南）人黄巢聚众响应王仙芝领导的农民起义，数月之间发展到数万人。五年春，王仙芝阵亡，部将尚让领兵归黄巢，并推黄巢为王，称冲天大将军。黄巢挥师避实击虚，与唐军周旋。三月，进逼洛阳，随即又南渡长江，纵横驰骋于唐军力量薄弱的今江西、浙北地区。八月，出敌不意自衢州（今属浙江）开山路700里，占领建州（今福建建瓯），十二月克福州。次年正月向广南进发，九月占广州，部众迅速发展壮大。起义军休整后，拟北上夺取两京。唐王朝慌忙调兵堵截，任命宰相王铎为南面行营招讨都统，屯兵江陵（今属湖北），以副都统李係为前锋，领精兵5万及土团扼守潭州（今长沙），又调高骈为淮南节度使驻兵扬州，企图从东西两面堵截起义军。

黄巢以义军都统名义发布北伐文告后，于十月率部从广州进军，大军集于桂州（今广西桂林），乘湘水上涨，编大筏数千，顺流北进，直逼潭州。李係坐守潭州孤城，外围未曾布兵。起义军猛烈攻击，一举全歼潭州守军。北伐首捷，士气大振。尚让乘胜率众号称50万挺进江陵，唐守军不足万人，王铎逃奔襄阳（今属湖北），守将刘汉宏弃城而走。义军顺利渡江占领江陵，继向襄阳进发。但因轻敌冒进，在荆门（今属湖北）遭山南东道节度使刘巨容和淄州刺史曹全晸军伏击，损失甚重。黄巢见直取洛阳困难，遂退兵江陵，沿江东进，攻鄂州（今武昌）未克。转而攻克饶（今江西波阳）、信（今江西上饶）、池（今安徽贵池）、宣（今安徽宣城）、歙（今安徽歙县）、杭等15州，军势复振。

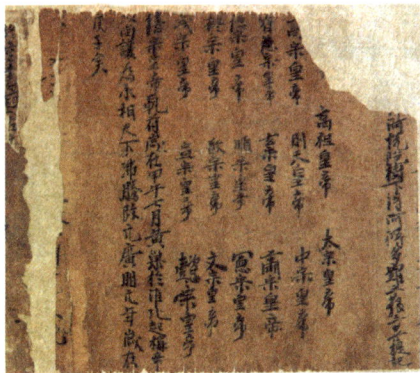

黄巢起义记残片

黄巢起义

广明元年（880）三月，高骈任唐军都统，征调援兵达 10 余万，派骁将张璘领精锐渡江作战。起义军接连受挫，损兵数万，退保饶州，后屯信州。黄巢用缓兵之计，贿张璘，并伪求高骈保奏请降，以麻痹唐军。高骈为独得降黄巢之功，奏请遣返来援的诸道兵马。黄巢侦悉唐援兵已渡淮北去，即率部突然袭击，大败唐军，斩张璘，迫高骈退缩扬州，不敢出战。七月，起义军号称 60 万，乘胜自采石（今安徽马鞍山西南）渡江。九月，在泗州（今江苏盱眙北）击败曹全晸 6000 守兵后北渡淮河；又乘唐军许昌（今属河南）兵变，溵水守军自溃之机，主力经颍州（今安徽阜阳）、汝州（今河南临汝），长驱直逼洛阳。黄巢于途中自称天补大将军，通告称义军只向唐室问罪，与众无干；各地唐军应自守本营，不得拒战。文告分化了唐地方势力，孤立了唐廷，安抚了民众。十一月十七，起义军进抵洛阳，唐东都留守刘允章出降。黄巢继以破竹之势，挥师西进，于十二月初一进逼潼关（今陕西潼关东北）。唐以泰宁节度使齐克让所部万余人和左军骑将张承范领新募神策军 2800 人仓促布防，一触即溃。初五，僖宗逃往成都，起义军未战而入长安。十三日，黄巢称帝，国号大齐，改元金统。此时，唐末农民起义战争发展到了高峰。

起义军夺取两京后，由于没有追歼唐王室残余势力和关中唐军，发展和巩固胜利，使唐军得以喘息、反扑，终于导致失败。

[十六、柏乡之战]

后梁开平四年（910）十二月至次年正月，河东晋王李存勖援助成德节度使赵王王镕，在柏乡（今属河北）地区抗击后梁的作战。

五代初，后梁太祖朱全忠与河东晋王李存勖之间的矛盾日益加剧，为了扩展各自的势力，互相争夺成德（治镇州，今河北正定）、义武（治定州，今河北定县）、卢龙（治幽州，今北京）三藩镇。

朱全忠早疑王镕与李存勖相通，深恐其日后势强难以控制。开平四年十一月，卢龙节度使刘守光发兵至涞水（今属河北），欲攻占定州。朱全忠佯称助王镕拒刘守光，派供奉官杜廷隐等领兵3000进驻深州和冀州（今河北深州市、衡水市

柏乡之战

冀州区），企图消灭成德、义武两镇势力。王镕察觉了朱全忠之谋，即四处求援，遣使去晋阳（今太原西南）。时义武节度使王处直的使者亦至，于是共推李存勖为盟主，联合抗梁。晋将佐疑王镕有诈，而李存勖以为疑而不救，正中朱全忠之计，遂出兵抗梁，派蕃汉马步总管周德威率部屯赵州（今河北赵县）。朱全忠命部将王景仁为北面行营招讨使，韩勍为副，李思安为先锋，率兵4万，于十二月经河阳（今河南孟州市南）向柏乡进军。王镕告急，李存勖亲自领兵至赵州与周德威会合；王处直亦派兵5000支援。晋军进驻野河（今滏阳河支流）北岸，与梁军夹河对峙。

晋军屡派骑兵去梁营挑战，并击其阵的两端，俘梁军百余人，周德威认为，梁军士气正旺，不宜速战，成德、义武两镇之兵善守城，骑兵不便进攻营垒，建议按兵持重，退守高邑（今属河北），诱梁军离营，以逸待劳，乘机出击。李存勖采纳其策，退军高邑。五年正月初二，晋诸将率精骑再次挑战，激怒梁将王景仁、韩勍率全军出战。晋军按预定计策，且战且退。梁军横亘数里，争先夺桥，遭到赵、晋军抗击，激战多时，未分胜负。下午，梁兵饥渴，士气锐减，东阵兵稍向后退。晋将周德威、李嗣源乘势从东西两面夹击，疾声呼应。梁军惊扰，阵势大乱。晋、赵军奋力猛追，梁军大败，精锐全部被歼，王景仁等率数十骑夜逃。杜廷隐等闻败讯，也弃深、冀州而去。

经此一战，晋军威大振，使后梁在河北的势力退至魏博（今河北大名和山东聊城地区）以南，为尔后南下攻后梁建立后唐创造了有利条件。

[十七、幽州之战]

后梁乾化元年（911）至三年，河东晋王李存勖攻占幽州（今北京），灭亡大燕的战争。

幽州，是河北藩镇割据地区之一。后梁开平元年（907），卢龙节度使刘仁恭之子刘守光杀兄囚父占据幽州后，自恃兵强地险，欲称雄河北。先威迫成德（治镇州，今河北正定）、义武（治定州，今河北定县）等镇推其为盟主，继又求得梁太祖朱全忠授其为河北采访使。他囚杀谏臣，不听劝阻，借受封之机称帝，国号大燕。乾化元年十一月，发兵 2 万进攻义武镇所属容城（今河北容城西北）。义武节度使王处直向李存勖告急。晋与燕接界，李存勖深感刘守光为心腹之患，采纳诸将先取幽州再攻后梁的建议，即派蕃汉马步总管周德威领兵救援。

二年正月，周德威率兵 3 万出飞狐（今河北涞源），至易水（在今河北易县境），与成德镇将王德明、义武镇将程岩会合。三镇联兵攻下燕之祁沟关（即岐沟关，今河北涿州市西南），乘胜前进，直抵幽州城下。刘守光率众固守。二月，朱全忠亲率大军号称 50 万北上救燕，以雪柏乡战败之耻，途至蓚县（今河北景县），夜遭屯赵州（今河北赵县）阻援的晋将李存审所遣 600 骑的袭击，部众惊慌溃乱。朱全忠羞愤成疾，撤军南返，不久死去。梁内部变乱，无暇北顾，燕失南援。

幽州之战

周德威以一部分兵力围攻幽州，又命诸将分路进攻燕之州县，以断幽州外援。刘守光派骁将单廷珪领兵万人出战，被周德威生擒。晋军在幽州外围连战皆捷，至三年三月，燕重要州县多为晋军占领。刘守光又命大将元行钦率骑兵 7000 募兵于山北，以高行珪为武州刺史作外援。晋军先后攻下山后八军（今太行山北端、军都山以北戍守之地），复攻武州（今河北宣化），高行珪、元行钦相继败降。晋军又克儒州（今北京延庆）、平州（今河北卢龙）等地，燕之州县所剩无几，幽州孤立无援。四月，周德威督诸军进逼幽州南门。十月，刘守光率兵 5000 深夜北奔，遭周德威截击后仅以百骑逃回城内。刘守光再向周德威乞求，待晋王至即降。十一月二十三，李存勖至幽州城下，刘守光又借辞推托。李存勖督诸军攻破幽州，俘刘仁恭等。刘守光潜逃，不久被擒，燕亡。

[十八、后唐灭后梁之战]

后唐同光元年（后梁龙德三年，923）十月，唐军奇袭汴州（今河南开封），灭亡后梁的战争。

唐末，占据汴州的梁王朱全忠和晋阳（今山西太原西南）的晋王李克用，是两大藩镇割据势力。自僖宗中和四年（884）起，他们为争夺对朝廷的控制而互相攻战。朱全忠代唐建立后梁，彼此更势不两立。后梁末帝朱友贞继位和李克用之子李存勖建后唐称帝前后，双方征战更为激烈。

同光元年，唐军控制杨刘（今山东东阿北）、德胜（今河南濮阳）等黄河渡口，并占领黄河南的郓州城（今山东东平西北）。八月，李存勖率主力屯朝城（今山东莘县西南）地区，伺机攻梁。梁末帝命在滑州（今河南滑县东南）决河，以阻唐军；以大将王彦章、监军张汉杰率军万人屯兖州（今属山东）、郓州境，企图收复郓州城；以北面招讨使段凝率军 5 万屯黄河北岸，对付唐军主力；以陕虢、泽潞之兵进攻晋阳，以汝洛之兵北取镇、定（今河北正定和定县地区），准备于

后唐灭后梁之战

当年十月同时行动。

交战前夕，梁右先锋指挥使康延孝投唐，泄露梁多路出兵和汴州空虚等军情。九月，段凝军进至临河（今河南濮阳西北）；同时传闻契丹军将在入冬后南下。李存勖急召诸将商讨对策，拒绝与梁议和及划河为界的主张，采纳谋臣郭崇韬之计，决定乘虚袭击汴州。

十月初二，李存勖亲率大军由杨刘渡河，初三，进至郓州，以部将李嗣源为前锋。当夜越过汶水，次日晨与梁将王彦章相遇，一战而胜，并克中都（今山东汶上），擒王彦章、张汉杰等，斩杀数千。李存勖虑段凝军在河上，如径袭汴州，恐段军回援，遂召诸将再议进军方向。他又采纳李嗣源关于兵贵神速、急趋汴州的建议，命其率前军当夜出发，自率主力继后，昼夜兼程而进。初七，进至曹州（今山东曹县西北），梁守将不战而降。梁末帝朱友贞闻东线溃败，唐军直指汴州，急派张汉伦召段凝军回救，又令开封尹王瓒强迫民众守城。张汉伦至滑州坠马伤足，又为河水所阻，不能进。朱友贞见援兵无望而自杀。初九晨，唐军至汴州，王瓒开门出降。十二日，段凝率军5万到封丘（今属河南）请降，后梁灭亡。